LOS VIERNES SANTOS

I VENERDÌ SANTI

~~~~~

SILVIO MIGNANO

Edición y prólogo de

◆ IGOR BARRETO ◆

Traducción de Luis Miguel Isava

A

'Alliteration

LOS VIERNES SANTOS | SILVIO MIGNANO
Primera edición: septiembre, 2020

© Silvio Mignano
© Alliteratïon Publishing, 2020

Diseño: Elisa Barrios
Portada: Andrea Martínez
Corrección: Samuel González Seijas
Traducción: Luis Miguel Isava
Edición poética: Igor Barreto

Agradecemos a la editorial Passigli de Florencia
y en particular a Fabrizio Dell'Aglio por la gentil
concesión de los derechos de autor.

ISBN: 978-1-7378537-1-8

LA PASIÓN DE SILVIO MIGNANO

Leer un libro de poemas podría situarnos en perspectiva aérea sobre un delta. Pero no se trataría de la desembocadura de un sólo río, no, sino de muchos cauces que se vierten en aquella *geografía imaginaria*, tan parecida a una olla donde se prepara un caldo existencial muy espeso. Eso ocurre cuando hojeamos con atención el fascinante texto del poeta italiano Silvio Mignano, titulado: *Los viernes santos*.

Son muchos los registros musicales y posibles referencias que se dan cita en sus páginas, desde el gusto por una prosodia que armoniza un fraseo complejo musicalmente, hasta un verso maduro y denso en los sentidos que convoca.

Por mi mente pasan nombres, posibles autores que fueron leídos con atención para componer esa geografía unitaria y deltaica, a la vez. Son variados poetas cuyos nombres podríamos eventualmente evocar: Robert Lowell, Virgilio, Adam Zagajewski; pero sobremanera la tradición inevitable de ese enorme curso de aguas llamado Eugenio Montale. Y es que la poesía contemporánea oculta en el fondo un acto sagrado de conciliación, un esfuerzo por relacionar voces diversas que al final de cuentas resuelven el habla específica de cada poeta. En el caso de Silvio Mignano se trata de una alquimia milagrosa pero cotidiana.

El particularísimo título de la primera de las cuatro partes del libro, aquella titulada: "De ciertas combinacones que no se cumplen'', da una de las posibles claves que se hace presente a lo largo de todo el poemario. Quisiera decir que la poesía de Mignano no pretende relatarnos nada concreto, más allá de su formidable esfuerzo por comunicarnos un estado existencial frente al mundo. El poema se comporta como una maquinaria combinatoria (asociativa) que anuda en el período de su desarrollo variados significados e imágenes. Al final, cada poema es un artefacto que mantiene una impronta formal muy acentuada: un juego caleidoscópico, paradójicamente de gran unidad. Son poemas verdaderamente tallados en el tiempo como si se trataran de piezas musicales.

Personalmente valoro mucho la manera sustantiva de los poemas de Mignano, su tratamiento culto de la cotidianidad, el peso de cada palabra, las cuales nunca se degradan en la mención superflua.

Las siguientes secciones del libro van ofreciendo al lector diversas maneras de enfoque desde el tratamiento decididamente existencial de la primera, pasando por una valoración pictórica en la segunda y la tercera parte, hasta arribar a un juego naturalista, de guiño "científico", donde reaparece lo existencial pero utilizando como pretexto un léxico entomológico.

La poesía italiana ha sabido estar a tono con los tiempos sin perder su refinamiento, y una discreta forma de aproximarse al mundo. Silvio Mignano mantiene con sabiduría de poeta su buen "término", un punto de inflexión entre tantas referencias literarias. Es un libro que merece la atención de los lectores.

Igor Barreto
Caracas, marzo 2020

LOS VIERNES SANTOS

I VENERDÌ SANTI

DE CIERTAS COMBINACIONES
QUE NO SE CUMPLEN

DI CERTE COMBINAZIONI
CHE NON SI AVVERANO

L'ingombro dei corpi senza contenuto

Quello che importa non è la fuga della curva
che pervade ogni stato d'ombra.
È poi vero, è lì che finiamo inghiottiti
—o il nostro sguardo, al posto delle gambe—
in quel cunicolo di spessore concavo
rettangolare nonostante sia fatto ad arco:
ma quello che conta oggi è il volume
il parallelepipedo di legno odoroso
duecento centimetri per cinquanta
il tavolo su cui abbiamo mangiato tutti
la bara dentro la quale scivoleremo
l'oscurità di terra che abbiamo sognato.
Eppure forse non è nemmeno questo:
è che il disegno è fatto proprio bene
le distanze tra le linee e il loro tracciato
sono prova dell'armonia che ancora resta
tra il grigio e il marrone dell'assenza,
e l'inutilità dei fili d'erba ci redime.
È lungo il gesto del muoversi
zigzagando nel corridoio chiaro
trovandosi a inventare le traiettorie
per l'ingombro dei corpi senza contenuto
che comprendiamo l'intuizione più banale:
la caduta di un grave in movimento verticale.

La obstrucción de los cuerpos sin contenido

Lo que importa no es la fuga de la curva
que impregna todo estado de sombra.
Pero es verdad, es allí que terminamos deglutidos
—o nuestra mirada, en lugar de las piernas—
en aquel pasadizo de espesor cóncavo
rectangular a pesar de ser arqueado:
pero lo que cuenta hoy es el volumen
el paralelepípedo de madera olorosa
doscientos centímetros por cincuenta
la mesa sobre la que comimos todos
el ataúd dentro del que nos deslizaremos
la oscuridad de tierra que hemos soñado.
Sin embargo quizá no es siquiera esto:
es que el diseño se hizo muy bien
las distancias entre las líneas y su trazado
son prueba de la armonía que aún queda
entre el gris y el marrón de la ausencia,
y la inutilidad de los hilos de hierba nos redime.
Es a lo largo del gesto del moverse
zigzagueando en el claro corredor
teniendo que inventar las trayectorias
a través de la obstrucción de los cuerpos
sin contenido que comprendemos la intuición más banal:
la caída de un cuerpo en movimiento vertical.

In fuga

È come quando la salita comincia ad impennarsi
sembra che le ruote siano pesanti d'altro materiale
che il pedale si rifiuti di girare, e pensi di fermarti
sederti a bordo strada, su questo paracarro
e in giro non c'è nemmeno più un bracciante
(non uno, insomma, che tagli l'erba all'altro lato
soltanto un susseguirsi di vuote quinte
come quando ti affacci al balcone di una casa
intravista in sogno, senza paesaggio).
Dov'era il compagno che ti porgeva la borraccia,
cos'altro avresti dovuto fare per non sfuggire
alla noia del deserto, all'essere tu stesso disertore
pur non avendo scelto l'ora, il luogo, la ragione?
Forse forare, restare privo di forze,
lasciare che il plotone ti riassorbisse,
salutare quelli che passano, nel fruscio,
e ti osservano con una smorfia di meraviglia
incerti se sia proprio tu lo stesso ch'era andato via
e che ora ritorna, senza muoversi di un centimetro:
succede lo stesso quando entri in una tabaccheria
scegli un gioco a premi, raschi la casella,
esce una sfinge o un faraone, e non hai vinto.

En fuga

Es como cuando la subida comienza a empinarse
parece que las ruedas tienen el peso de otro material
que el pedal se rehúsa a girar, y piensas detenerte
sentarte al borde de la calle, sobre este bordillo
y ya no hay siquiera un jornalero alrededor
(ni uno, en definitiva, que corte la yerba del otro lado
sólo un continuarse de quintas vacías
como cuando te apoyas en el balcón de una casa
entrevista en el sueño, sin paisaje).
¿Dónde estaba el compañero que te pasaba la cantimplora,
qué otra cosa habrías debido hacer para no huir
al hastío del desierto, a ser tú mismo desertor
sin siquiera haber escogido la hora, el lugar, la razón?
Ponchar quizá, quedar sin fuerzas,
dejar que el pelotón te reabsorbiese,
saludar a los que pasan, en el crujido, y te
observan con una mueca de maravilla
dudoso de si eras en verdad tú el mismo que se había ido
y que ahora vuelve, sin moverse un centímetro:
sucede lo mismo cuando entras en una tabaquería
escoges una lotería, raspas la casilla,
sale una esfinge o un faraón, y no ganaste.

Il tuorlo

Poi si torna – è una possibilità –
tra le macchie dei pitosfori, o quelle
del trifoglio e di certe campanelle gialle
che restano chiuse nella guazza di rugiada
e magari ci si sente chiedere dov'eri stato
e si risponde: qui, sul tuo muretto a secco
a pochi metri dal castello, oppure
nella piazza della scuola, tra le aiole
dove la terra era zolla polverosa.
Si era rimasti qui tutto il tempo, fermi,
a immaginare viaggi, sognare orologi
scandire il passo con un metronomo di carta
il guscio di un uovo che si è scartocciato
e ha rivelato un tuorlo di coriandoli e grafite.

La yema

Luego se regresa –es una posibilidad–
entre las manchas de los pitósporos o aquellas
del trébol y de ciertas campánulas amarillas
que permanecen cerradas en el relente de rocío
y quizá se oye preguntar dónde habías estado
y se responde: aquí, sobre tu murito en lo seco
a pocos metros del castillo, o bien
en la plaza de la escuela, entre los *parterres*
donde la tierra era terrón polvoso.
Nos habíamos quedado aquí todo el tiempo, inmóviles,
imaginando viajes, soñando con relojes
que escanden el paso con un metrónomo de papel
la cáscara de un huevo que se ha desenvuelto
y ha revelado una yema de confetis y grafito.

Sei in montagna

Il sorso preso su un torrente in Valtournenche
mi era sembrato anni fa la prefigurazione del salto,
una balza dietro l'altra, come acrobata sul filo,
deciso a non voltarmi indietro, mai più cedere,
non importa quante spore restassero sotto le felci
o quanti canti ammutoliti nella laringe di un tasso:
finché mi è apparso ovvio che mi ero perso
che il sentiero aveva fin troppe curve a destra
e non spuntava mai il ghiacciaio orizzontale,
quello dove saresti spiccata in mezzo al bianco
al verde luccicante, dopo aver segnato un gol.

Estás en la montaña

El trago tomado en un torrente en Valtournenche
me había parecido hace años la prefiguración del salto,
un abismo tras otro, como acróbata sobre el cable,
decidido a no darme vuelta, nunca más ceder,
sin importar cuántas esporas quedaran bajo los helechos
o cuántos cantos enmudecidos en la laringe de un tejón:
hasta que me resultó obvio que me había perdido
que el sendero tenía excesivos giros a la derecha
y no despuntaba nunca el glaciar horizontal,
aquel en el que resaltarías en medio del blanco
y del verde brillante, después de haber marcado un gol.

Scrivi nuotando

Certi giorni la calligrafia non segue le regole di una lingua,
non disegna gigliucci né mezze lune o scimitarre semisdraiate,
vagola piuttosto come un bracciante tra le maggesi
in cerca di un seme che sia caduto fuori dal tracciato.
Si china forse per raccoglierlo, pescando con le dita,
e il gesto ricama un rigo e poi via via tutti gli altri,
e qualcuno potrà perfino sentirne il suono, capire
se siano note sul pentagramma o parole su un riquadro,
se siamo usciti allo scoperto o pieghiamo le pagine
perché il testo non si legga e resti un codice in embrione.
Resta poi l'altra possibilità: che si scriva come te fendendo l'acqua,
aspettando che il solco si richiuda quando è passato il corpo
con la giocosa apertura alare di una butterfly olimpionica
così che ogni bracciata cancelli le frasi appena lette.

Escribes nadando

Ciertos días la caligrafía no sigue las reglas de una lengua,
no dibuja vainicas ni medias lunas o cimitarras semitendidas,
vagabundea antes bien como un jornalero entre barbechos
buscando una semilla que haya caído fuera del trazado.
Se inclina quizá para recogerla, pescándola con los dedos,
y el gesto borda una línea y luego una a una todas las otras,
y alguno podrá incluso sentir su sonido, entender
si son notas sobre el pentagrama o palabras en un recuadro,
si salimos al descampado o plegamos las páginas
para que el texto no se lea y quede un códice en embrión.
Pero queda la otra posibilidad: que se escriba como si cortaras
          el agua,
esperando que el surco se cierre cuando haya pasado el cuerpo
con la juguetona apertura alar de una *butterfly* olímpica
y así que cada braceada cancele las frases apenas leídas.

Fuggevole argento

Se non avessi mai accarezzato
l'interno cavo di una scodella
tinta di azzurro lapislazzulo
sarei forse smarrito davanti a un pozzo,
incerto se il disco che vi è riflesso
sia una luna oppure una moneta.
Allora anche a questo servono
i polpastrelli, fatti per conoscere
e disegnare le cose che ci sfuggono.

Plateado fugaz

Si nunca hubiera acariciado
el interior cóncavo de un plato hondo
teñido de azul lapislázuli
estaría quizá perdido ante un pozo,
sin saber si el disco que se refleja allí
es una luna o antes bien una moneda.
Entonces también para esto sirven
las yemas de los dedos, hechas para conocer
y dibujar las cosas que huyen de nosotros.

I Venerdì Santi

Sul mare, verso il promontorio,
c'è una luna piena che a Gaeta
trasforma in rame l'acqua nera
e ritaglia le chiome ai pini
come vaghi giganti dimagriti.
Dentro, nel soggiorno di mia madre,
la luce azzurrata della televisione
trasmette la stessa luna a Roma
sopra il Colosseo, sulla Via Crucis,
tra le folle che ascoltano in silenzio
le parole di alcune donne in scuro.
Ignoro se ci sia la luna piena
nel quartiere di Obrajes, questa notte:
so che ci saranno uomini che portano
trapezi di legno e rose, e candele,
corpi del Figlio e lacrime di Madre,
e in angolo, sul lato ad ovest,
mancherò io, non starò guardando,
non avrò paura che si rovesci
il peso che mi grava sopra il cuore.

Los Viernes Santos

Sobre el mar, hacia el promontorio,
hay una luna llena que, en Gaeta,
transforma en cobre el agua negra
y recorta la fronda a los pinos
como vagos gigantes adelgazados.
Adentro, en la sala de mi madre,
la luz azulada de la televisión
transmite la misma luna en Roma
sobre el Coliseo, en la Via Crucis,
entre las multitudes que escuchan en silencio
las palabras de algunas mujeres en negro.
Ignoro si haya luna llena
en el barrio de Obrajes, esta noche:
sé que habrá hombres que llevan
trapecios de madera y rosas, y velas,
cuerpos del Hijo y lágrimas de Madre,
y en un rincón, del lado oeste,
faltaré yo, no estaré mirando,
no tendré miedo de que se vuelque
el peso que me grava sobre el corazón.

Geometria dei solidi

Proiezione ortogonale di solidi:
scatole cubiche di cartone, una dopo l'altra,
su un tavolo di lavoro —forse una scrivania—
dopo esserne stati estratti i contenuti
e in attesa di capire che cosa ne sarà.
Elaboriamo spesso prodotti come questi:
illusioni ottiche, divagazioni dell'intelligenza,
poliedri di pietre preziose, senza tuttavia più pregio.

Geometría de los sólidos

Proyecciones ortogonales de sólidos:
cajas cúbicas de cartón, una tras otra,
sobre una mesa de trabajo –quizá un escritorio–
luego de haberles extraído los contenidos
y a la espera de entender qué será de ellas.

A menudo elaboramos productos como éstos:
ilusiones ópticas, divagaciones de la inteligencia,
poliedros de piedras preciosas, pero sin más valor.

Le tentazioni di Sant'Antonio

Attraverseresti questo e altro, per me, sostieni:
il passaggio dall'oggi all'altrieri, più che lo spazio,
come se un'incursione à rebours potesse cancellare
esitazioni e occasioni perse e restituire a noi
la scodella ch'era rimasta vuota tra le ginocchia
—le tue, meglio disegnate, e le mie disposte all'emergenza
ma non per questo pronte a mantenere la postura
dell'eremita seduto in mezzo a una radura nel deserto.
Consumeremmo, aggiungi, i pasti del condannato
ammirando un orizzonte senza personaggi, depauperato,
sebbene strizzando gli occhi uno di noi si illuderà,
a un certo punto, di scorgere una processione di pagliacci,
una fiera di paese con i giochi e tutti i firulà
e l'esplosione dei fuochi, per ingannare i puri.
Lepri selvatiche saranno già fuggite dai cespugli
con sguardi giulivi, le zampe che batteranno i fossi
alla ricerca di un ristoro tra le mammelle di una dea.
Voglio che te ne ricordi, quel giorno, quando sarà vano
dare a un mendicante la colpa delle trasfigurazioni,
al nomade l'assenza di un porto dove rientrare,
a un poeta l'inutilità di un conto alla rovescia.

Las tentaciones de San Antonio

Atravesarías esto y más, por mí, afirmas:
el paso del hoy al antier, más que el espacio,
como si una incursión *à rebours* pudiera cancelar
indecisiones y ocasiones perdidas y restituirnos
el tazón que quedó vacío entre las rodillas
—las tuyas, mejor delineadas, y las mías prestas a la emergencia
pero no por ello listas a mantener la postura
del eremita sentado en medio de un claro del desierto.
Consumiremos, añades, el alimento del condenado
admirando un horizonte sin personajes, depauperado,
aunque entrecerrando los ojos uno de nosostros imaginará,
en un cierto punto, avistar una procesión de payasos,
una feria de países con los juegos y todos los tatatá
y la explosión de los fuegos, para engañar a los puros.
Liebres salvajes habrán huído de los matorrales
con miradas joviales, las patas que pisotearán los fosos en busca
de un alivio entre las tetillas de una diosa.
Quiero que lo recuerdes, aquel día, cuando en vano
se dará a un mendigo la culpa de las transfiguraciones, al
nómada la ausencia de un puerto donde regresar,
y a un poeta la inutilidad de un cuento a la inversa.

La ferula di Bacco

Nella sfilata di biciclette lungo la corsia
ve n'è sempre una che resta indietro, un vecchio
che pedala con le ginocchia divaricate,
e il serpente ondula, si adegua ai vuoti,
insegue una ferula per arrotolarvisi
e sfuggire allora al ritmo della corsa.
Io mi fermo —sono a piedi, sotto un leccio—
e vorrei vedere Bacco avvicinarsi e ridere
e spezzare il bastone tra le sue dita grasse
lasciando colare l'assafetida in pozzanghere,
oppure Prometeo nascondere il fuoco nel cavo
e allontanarsi a balzelloni da pinocchio:
invece c'è solo un frinire ostinato di cicale,
il gioco del sole che ridisegna le losanghe
scomponendole in capriole dentro l'aorta.
Oltre la strada, sulla striscia d'erba secca,
mi sembra di scorgere una fuga di lucertole
e so che è l'ora di richiudere il libro delle storie,
montare in sella, ripercorrere il lungotevere,
partire all'assalto dell'ultima trincea,
anche solo, purché munito di un foglio a righe.

El báculo de Baco

En el desfile de bicicletas a lo largo del carril
hay siempre una que se queda atrás, un viejo
que pedalea con las rodillas separadas,
y la serpiente ondula, se adapta a los vacíos,
persigue un báculo en el que enrollarse
y escapar entonces al ritmo de la carrera.
Me detengo –voy a pie, bajo una encina–
y querría ver a Baco acercarse y reír
y romper el bastón entre sus dedos grasientos
dejando filtrar el asafétida en el aguazal,
o bien a Prometeo esconder el fuego en la cueva
y alejarse a brincos de pinocho:
en lugar de eso hay sólo un zumbar *ostinato* de cigarras,
el juego del sol que redibuja los losanges
descomponiéndolos en cabriolas dentro de la aorta.
Mas allá de la calle, en la franja de hierba seca,
me parece divisar una fuga de lagartijas
y sé que es hora de cerrar el libro de cuentos,
montar a caballo, recorrer de nuevo la rivera del Tíber,
partir al asalto de la última trinchera,
incluso solo, si estoy armado de una hoja a rayas.

Scappando con i troiani

Ho fatto come la mia gente, se mai ne ho avuta una,
percorrendo un tragitto composto di mare e di aria,
mai di terra, se non quando si tratta di fermarsi.
Lì, nel punto in cui si crede che si concluda il viaggio,
sciaguatto nell'acqua bassa, sul riflesso delle onde,
e guardo a destra e a sinistra i promontori dispiegarsi.
Qualcuno ha un padre da portare sulle spalle,
come se appartenesse a un affresco in una stanza vuota,
altri rubano il nome alle persone a loro care
e lo danno ai luoghi, alle coste o alle città.
Io sono solito restare abbacinato dalla luce
dal modo in cui il silenzio prende il posto delle voci
e le rimastica, senza che ne resti traccia in fuori,
così che persino gli amici conosciuti, i loro gesti,
le facce imparate a dura pena, le strade ripercorse
si trasformano in poltiglia, pasta di cellulosa,
materia per plasmare pupazzi di papier-mâché,
testimonianze di storie che davvero ho attraversato.
Adesso rivolgo le prore dentro la foce, per risalirla,
come se volessi rifondare le città, disfare i panieri
delle ree silvie, farne nidi per le sterpazzole,
o le rigiro verso il largo, oltre la baia della pista,
sulla trireme con il posto assegnato, tre a quattro effe,
e sul vassoio il pane imburrato e il succo d'ananas?
Scegliessi l'una o l'altra possibilità, poi le rifarei,
sicuro non di pentirmene ma dell'inutile illusione
che ci sia qualcosa d'immutabile sulle mappe,
certo — piuttosto — che dietro i rutuli ci siano i romani,
che oltre la Pannonia ci sia la Dacia e poi l'oriente,
e che le sfere si tocchino come le code dei serpenti.
Vado insomma senza sapere incontro a che cosa,
rimorchiando il trolley sulla gomma di una lounge,

Escapando con los troyanos

Hice como mi gente, si alguna vez tuve una,
recorriendo un trayecto compuesto de mar y aire,
nunca de tierra, salvo cuando se trata de detenerse.
Allí, en el punto en el que se cree que concluye el viaje,
chapoteo en el agua baja, en el reflejo de las olas,
y miro a diestra y siniestra desplegarse los promontorios.
Alguno tiene un padre que llevar a las espaldas,
como si perteneciera a un fresco en un cuarto vacío,
otros roban el nombre a las personas queridas
y se lo dan a los lugares, a las costas o a la ciudad.
Yo suelo quedar encandilado por la luz
del modo en que el silencio toma el puesto de las voces
y las remastica, sin que quede afuera traza de ellas,
de forma que aun los amigos conocidos, sus gestos,
los rostros aprendidos a duras penas, las calles recorridas
se trasforman en papilla, pasta de celulosa,
materia para plasmar marionetas de *papier-mâché*,
testimonios de historias que en verdad he atravesado.
Ahora ¿dirijo las proas a la desembocadura, para remontarla
como si quisiese refundar la ciudad, deshacer las canastas
de las reas silvias, hacer con ellas nidos para las currucas,
o las enfilo hacia alta mar, más allá de la bahía de la pista,
sobre el trirreme con el puesto asignado, tres A cuatro F,
y sobre la bandeja el pan untado y el jugo de piña?
Si escogiese una u otra posibilidad, después las reharía,
seguro ya no de arrepentirme sino de la inútil ilusión
de que haya algo inmutable en los mapas,
cierto —más bien— que detrás de los rótulos están los romanos,
que más allá de Panonia está Dacia y luego el oriente,
y que las esferas se tocan como las colas de serpientes.
Voy en definitiva sin saber hacia qué cosa,
remolcando el *trolley* sobre la goma de un *lounge*,

consultando lo screen delle flight connection,
fermandomi davanti a un Gate come fossero colonne
e tuttavia deprivate della loro potenza, già non confine,
semmai tremolio di una morgana all'orizzonte.
Ma non dimentico ancora quell'altra fuga,
accaduta di notte, tra il bagliore dei templi
e lo sciabordio dei remi dentro un'acqua negra,
che porto incisa in qualche registro del petto,
consapevole che se sono fatto a macchie,
meravigliosamente impuro,
lo devo anche a quella gente, se mai ho avuto gente.

consultando el *screen* de las *flight connections*,
deteniéndome ante un *Gate* como si fueran columnas
y sin embargo carentes de su poder, ya no confines,
a lo sumo temblor de una morgana al horizonte.
Pero no olvido aun aquella otra fuga,
ocurrida de noche, entre el resplandor de los templos
y el chapoteo de los remos en el agua negra,
que llevo tallada en algún registro del pecho,
consciente de que si estoy manchado,
maravillosamente impuro,
lo debo también a aquella gente, si alguna vez tuve gente.

Calligrafia di un lapis

Oggi pesco una matita a caso − sai, quelle di un tempo,
di legno giallo con la gomma rosa stretta dallo stagno.
È un mozzicone usato chissà quante altre volte
che però risponde bene quando gli tempero la punta
e traccia lettere minuscole sulle righe del quaderno.
Vedo soltanto adesso il ponte che conduce fuori città
perdendosi come al principio di una diaspora tra i campi:
ondeggio anch'io quasi un po' brillo, incapace di tenere
una linea retta, fatta di sottilissima grafite.
Tuttavia se scrivo bene, penso, in debita calligrafia,
riesco a non sbandare, a sopravvivere alla rotta:
almeno fino al ciuffo di tigli e di castagni,
all'edicola che vi è di sotto, con un affresco gotico,
dove potersi accomodare a terra e rendere le armi.

Caligrafía de un lápiz

Hoy tomo un lápiz al azar —sabes, aquellos de hace tiempo,
de madera amarilla con la goma roja sujeta con estaño.
Es un trozo usado quién sabe cuántas veces
que sin embargo responde bien cuando le afilo la punta
y traza letras minúsculas sobre las líneas del cuaderno.
Ahora sólo veo el puente que lleva fuera de la ciudad
perdiéndose como al inicio de una diáspora entre los campos:
también yo me balanceo un poco bebido, incapaz de seguir
una línea recta, hecha de grafito sutilísimo.
Sin embargo si escribo bien, pienso, con caligrafía adecuada,
logro no ladearme, sobrevivir a la ruta:
al menos hasta el puñado de tilos y de castaños,
hasta el quiosco que está debajo, con un fresco gótico,
donde poderse acomodar en tierra y rendir las armas.

Di certe combinazioni che non si avverano

Scrivo i primi versi per convenzione, o scrupolo,
cosciente che sarà solo dal quinto o sesto
che si darà battaglia, e questi
saranno cancellati, e il tutto rimontato.
Si parlerà di certe pennellate di ceruleo
impastate a bianco di zinco, che delineano
il contorno di un casale fatto di terra d'ocra,
e di come le persone che vi abitano, ignare,
a noi aliene quanto la fauna di altri mondi,
ci osservino passare sul nostro regionale,
e dell'idea che ci facciamo di un ipotetico futuro,
se scendessimo qui, se ci conoscessimo,
se infine non fossimo viaggiatori e spettatori.
Poi si spalanca la porta di uno scompartimento
e ne vien fuori una ragazza alta, che naviga
come polena fendendo un oceano immaginario,
e tutti tacciamo, abbassando gli occhi,
sperando di aver sbagliato tempi e luoghi:
di esser stati seduti accanto a lei, finora.

De ciertas combinaciones que no se cumplen

Escribo los primeros versos por convención, o escrúpulo,
consciente de que será sólo en el quinto o el sexto
que se dará la batalla, y estos
se cancelarán, y se re-ensamblará el todo.
Se hablará de ciertas pinceladas de cerúleo
embadurnadas con blanco zinc, que delinean
el contorno de un caserío color tierra de ocre,
y de cómo las personas que allí viven, que nos ignoran,
tan ajenas a nosotros como la fauna de otros mundos,
nos observan pasar en nuestro tren regional,
y de la idea que nos hacemos de un hipotético futuro,
si descendiéramos aquí, si nos conociéramos,
si, en fin, no fuéramos viajeros y espectadores.
Luego se abre de par en par la puerta de un compartimiento
y sale una muchacha alta, que navega
como mascarón hendiendo un océano imaginario,
y nos callamos todos, bajando los ojos,
esperando haber errado tiempos y lugares:
haber estado sentados junto a ella, hasta ahora.

Elisir d'amore sul Monte Marsicano

Che il passo ci affatichi è meno importante,
di più sono i dorsi arrotondati dei ciottoli,
lo sparire del sentiero ingoiato dai cardi
e il suo rifarsi cento metri più su, riprodotto dalla polvere,
come se i segnali biancorossi fossero voce trattenuta,
provocazione degli alveoli polmonari, irrorazione del cervello,
apertura di un fascicolo sui fatti dei camosci,
sul loro risiedere più in alto e percorrere il cammino verticale.
Scendono, ci diciamo, analizzando la curva delle corna,
oppure si fermano, non vogliono confondere il respiro
        con il nostro,
umiliare il battito al ritmo dei nostri toraci,
adeguare la loro alla nostra timidezza.
Non vale rifugiarsi nel riflesso del lago di Barrea:
è piccola cosa, visto da quassù, sta nel palmo di una mano,
è acqua che nemmeno bagna, se non forse le palpebre.

Elixir de amor en el Monte Marsicano

Que el paso nos agote es menos importante,
más lo son los dorsos redondeados de los guijarros,
la desaparición del sendero engullido por los cardos
y su rehacerse cien metros más arriba, reproducido por el polvo,
como si las señales rojiblancas fueran voz en *rallentando*,
provocaciones de los alvéolos pulmonares, irrigaciones del cerebro,
apertura de un expediente sobre los hechos de las gamuzas,
sobre su residir más arriba y recorrer el camino vertical.
Descienden, nos decimos, analizando la curva de los cuernos,
o bien se detienen, no quieren confundir su respiración
            con la nuestra,
humillar el latido al ritmo de nuestros tórax,
adecuar la suya a nuestra timidez.
No sirve refugiarse en el reflejo del lago de Barrea:
es poca cosa, visto de aquí arriba, cabe en la palma de la mano,
es agua que ni siquiera baña, salvo quizá los párdados.

Rimasto in giardino

Avevo scritto, anni fa, in versi lunghi,
che non riesco a sgualcire ciò che tocco,
e parlavo dei libri, di quando li leggevo
e restavano come ancora intonsi,
come se nessuno li avesse maneggiati,
ed era lo stesso, credo, con le persone
i desideri amori altre passioni.
Adesso, trascorsi due decenni,
depreco invece che non c'è cosa
non c'è nessuno, se solo mi avvicino,
che non marcisca subito, e si rovini, r
ipiegandosi su se stesso come calice
di un fiore dai trasparenti petali
membrane di una pergamena fragile
epidermide sotto vetro, corona di pelle,
odore di putrido, sabbia e cenere,
e che non possa più sperare in nulla
né che mi appartenga un mondo o l'altro
e illudermi di uscire da questa solitudine
affollata di fantasmi scesi in piazza
di viali e strade zeppi di nomi
sfilate di visi con smorfie di disprezzo.
Oltre ci sarà un sentiero, forse, ma perduto,
che porta in fondo a un buio parco,
il giardino di una casa —lo riconosci—
dove hai perso un pallone,
e magari ancora ti aspetta, senza altri giochi.

Se quedó en el jardín

Había escrito, hace años, en largos versos,
que no logro arrugar lo que toco,
y hablaba de los libros, de cuando los leía
y quedaban como ahora intonsos,
como si nadie los hubiese manipulado,
y era lo mismo, creo, con las personas
los deseos amores otras pasiones.
Ahora, pasados dos decenios,
deploro en cambio que no haya nada
no haya nadie que, con sólo acercarme,
no se marchite de pronto, y se arruine,
replegándose sobre sí mismo como cáliz
de una flor de pétalos transparentes
membranas de un pergamino frágil
epidermis bajo vidrio, corona de piel,
olor a podrido, arena y cenizas,
y que no pueda ya esperar en nada
ni que me pertenezca un mundo o el otro
y me haga la ilusión de salir de esta soledad
atestada de fantasmas que descendieron a la plaza
de avenidas y calles atiborradas de nombres
en las que desfilan rostros con muecas de desprecio.
Más allá habrá un sendero, quizá, pero perdido,
que lleva al final a un parque oscuro,
el jardín de una casa —lo reconoces—
en el que perdiste un balón, y tal vez
todavía te espera, sin otros juegos.

Exit

È tanto che rifletto a quando si cammina
passando quasi ogni giorno sulle stesse lastre
di cemento o brecciolino pressato o di mattoni
e il pavimento sembra infischiarsene altamente,
non si smuove né affonda di un millimetro.
Eppure non sono poca cosa gli andirivieni,
non è vuoto il peso dei corpi in movimento,
ogni volta che risuona un colpo o una voce chiama
o commenta nella semioscurità, dando la stura
a un riso sommesso oppure a un rancore,
e i passanti alzano la testa anche solo un attimo,
credono di riconoscere una foglia d'acero che cade
avvitata sul proprio asse come su un fuso diagonale
approfittando di un cono di luce polverosa
(l'ultima volta che calpesta un palcoscenico).

Exit

Hace tanto que reflexiono sobre cuando se camina
pasando casi cada día sobre las mismas losas
de cemento o gravilla comprimida o de ladrillos
y eso tiene al pavimento muy sin cuidado,
no se desplaza ni se hunde ni un milímetro.
Y sin embargo no son poca cosa los ir-y-venir,
no es nulo el peso de los cuerpos en movimiento,
cada vez que resuena un golpe o una voz llama
o comenta en la semioscuridad, desatando
una risa sumisa o incluso un rencor,
y los que pasan alzan la cabeza apenas un momento,
creen reconocer una hoja de acero que cae
atornillada al propio eje como a un huso diagonal
aprovechando un cono de luz polvorienta
(la última vez que pisa un escenario).

Asma

Che io mi scopra oggi dislessico
dopo anni di coltivazione dell'alfabeto
è come aver cambiato di calligrafia,
 rovesciato l'inclinazione della mano
e tracciato le lettere all'insù, magari.
Oppure è soltanto l'insufficiente sonno,
l'attacco d'asma della scorsa notte,
la finestra lasciata aperta sulla strada
che ha fatto entrare le polveri sottili
e con loro altre cose che ignoravo:
le grida all'angolo, dove si trova un bar,
l'effetto Doppler di un'automobile che passa,
il fruscio di un insetto tra le foglie,
che cerca di avanzare per farsi grosso
e lanciare un'invasione di questa città.

Asma

Que hoy me descubra disléxico
luego de años de cultivar el alfabeto
es como haber cambiado de caligrafía,
invertido la inclinación de la mano
y trazado las letras hacia arriba, quizá.
O bien es solamente el sueño insuficiente,
el ataque de asma de la noche pasada,
la ventana que quedó abierta a la calle
que ha hecho entrar los polvos sutiles
y con ellos otras cosas que ignoraba:
los gritos en la esquina, donde hay un bar,
el efecto Doppler de un carro que pasa,
el crujido de un insecto entre las hojas,
que busca avanzar para hacerse grande
y lanzar una invasión de esta ciudad.

Sangue

Nel cestino bottiglie di plastica vuote
abbracciate alla busta nera del pattume
e concrezioni di carta appallottolata,
fatte di spigoli, pieghe dure, sovrapposte.
Una macchia rossa (involucro di cioccolatino?)
brilla come se tutto questo, e lo spazio attorno,
non fossero che un pretesto per continuare a illudersi.

Sangre

En la papelera botellas de plástico vacías
abrazadas a la bolsa negra de la basura
y concreciones de papel apelotonado,
hechas de aristas, pliegues duros, sobrepuestos.
Una mancha roja (¿envoltorio de bombón?)
brilla como si todo esto, y el espacio entorno,
no fueran sino un pretexto para seguir haciéndose ilusiones.

Stinfalo di agosto

Neanche in queste ore sospese tra l'afa e l'acqua
rispondono gli uccelli alle grida di minaccia.
Mostrano disinteresse, fingono posa di scultura
sul viale, sui marciapiedi o sul bordo di una fontana.
Tuttavia conosciamo l'universo dei loro inganni,
sappiamo che cosa significhi il nero dentro gli occhi.
Quante lingue parlino, se siano una o più dialetti
non ha importanza adesso, né il loro silenzio.
Offesi dal senso di un'inferiorità senza rimedio,
non ci resta che ripiegare all'indietro, misurando i passi.
Restano ombre che non calpestiamo, lastre di pietra,
una firma graffiata sopra il muro, come nel bronzo.

Estínfalo de agosto

Ni siquiera en estas horas que flotan entre el bochorno
y el agua responden los pájaros a los gritos amenazantes.
Muestran desinterés, fingen pose de escultura
sobre la avenida, sobre la acera o en el borde de una fuente.
Sin embargo conocemos el universo de sus engaños,
sabemos lo que significa el negro dentro de los ojos.
Cuántas lenguas hablan, si son una o varios dialectos,
no tiene importancia ahora, ni su silencio.
Ofendidos por el sentido de una irremediable inferioridad,
no nos queda sino dar marcha atrás, midiendo los pasos.
Quedan sombras que no pisoteamos, losas de piedra,
una firma rayada sobre un muro, como en el bronce.

Teoria ed esercizi

È quando afferro glicini e mandorli sulla via di casa
che riconosco la grana dell'asfalto, la forma della strada
come una zagaglia diretta al costato della piazza:
lì il diametro del cerchio, il numero degli incroci
e l'angolo che si costruisce tra occhio e cuore
sono i dati dell'equazione, ma non la risolvono.
Perché ciò accada ci vuole altro: il profumo dei calici,
l'indaco che affoga tra le pietre di un muro,
il volo di un barbagianni messo in fuga dalla luce:
quanto, insomma, congiura a far di noi
un capitolo di geometria analitica o di metrica latina,
squadernato sull'impasto di catrame e terra secca.

Teoría y ejercicios

Es cuando aferro glicinias y almendras camino a casa
que reconozco el grano del asfalto, la forma de la calle
como una azagaya dirigida al costado de la plaza:
allí el diámetro del círculo, el número de cruces y el ángulo que
se construye entre ojo y corazón
son los datos de la ecuación, pero no la resuelven.
Para que eso ocurra se necesita más: el perfume de los cálices,
el índigo que se ahoga entre las piedras del muro,
el vuelo de una lechuza espantada por la luz:
lo que, en definitiva, se conjura para hacer de nosotros
un capítulo de geometría analítica o de métrica latina,
exhibido sobre el amasijo de alquitrán y tierra seca.

Privi di memori

Nessuno compie gli anni
nello spazio tra due caseggiati,
i cubi di mattoni arancio e gli avvolgibili ingrigiti,
i cavi che si inerpicano rinnegando le vertigini
e un silenzio di sbieco, fatto di pensieri assenti.
Nessuno in questa parte della città di polvere
chiama il nome di un passante che aveva conosciuto
per ricordargli che se vuole ci si può sedere
nella penombra di un soggiorno, e guardarsi,
anche senza bisogno di ascoltarsi e di mentire.
Nessuno si sporge da sopra, verso la strada,
per disegnare la mappa in proiezione ortogonale
e riconoscere, a distanza di anni, la forma delle teste
e la posizione dei corpi, prima dell'assalto.

Carentes de recuerdos

Nadie cumple los años
en el espacio entre dos caseríos,
los cubos de ladrillos naranja y las persianas agrisadas,
los cables que trepan renegando los vértigos
y un silencio de sesgo, hecho de pensamientos ausentes.
Nadie en esta parte de la ciudad de polvo
llama el nombre de alguien conocido que pasa
para recordarle que si quiere puede sentarse allí
en la penumbra de una sala, y mirarse,
incluso sin necesidad de escucharse y mentir.
Nadie se asoma desde arriba, hacia la calle,
para dibujar el mapa en proyección ortogonal
y reconocer, a distancia de años, la forma de las cabezas
y la posición de los cuerpos, antes del asalto.

Corsa antelucana

(Proprio come accade quando si corre all'alba
ingobbiti su se stessi, senza parlare ad anima viva,
calpestando la pista ciclabile senza vederne la fine)
i pensieri si affollano, otturano gli ingranaggi,
e un segno di stanchezza ai muscoli diventa ferocia,
risale il retto femorale e si ferma all'altezza del trapezio.
Lungo i margini una famiglia di nomadi si mimetizza,
colorandosi di creta, e nessuno decifra più le glosse,
non più di quanto faccia un surmolotto rantolante
che scappa a nascondere la morte sotto un cespuglio.
Giriamo pagina, attenti al ritmo e al chilometraggio,
mentre un metallo pesante esplode negli auricolari,
a oriente sorge un chiarore di lacca spennellata
e adesso, bruciando i tessuti del corpo, arriviamo.

Carrera ante-lucana

(Tal como ocurre cuando se corre al alba
encorvado sobre uno mismo, sin hablar a ánima viva,
pisoteando la pista ciclística sin verle el fin)
los pensamientos se aglomeran, obturan los engranajes
y un signo de cansancio en los músculos se torna ferocidad,
resurge el recto femoral y se detiene a la altura del trapecio.
En los márgenes una familia de nómadas se mimetiza,
coloréandose de greda, y ninguno descifra ya las glosas,
no más de lo que hace una rata agonizante
que escapa a esconder la muerte bajo un matorral.
Pasamos la página, atentos al ritmo y al kilometraje,
mientras un *metal* pesado explota en los auriculares,
en el este surge un claror de laca pintada
y ahora, quemando los tejidos del cuerpo, llegamos.

Scene di passione

Facevano scandalo i corvi ieri mattina
attorno a un tiglio disadorno, tu sai,
come se stessero irridendo un povero Cristo
avvitandosi in alto a circoli concentrici:
sguaiato raccontare scene masticate prima,
teatro, in fondo, con le sue regole di scena,
e qualcuno che ascolta, infilato tra le foglie,
e prende nota o ruba le battute.
Sono arrivati la raffica di vento, il chiasso di una serranda,
il passo strascicato di uno che si era perso
e riemergeva nella meraviglia dell'incertezza:
sono volati via, lasciando i brandelli delle carni.

Escenas de pasión

Hacían escándalo los cuervos ayer en la mañana
en torno a un tilo desadornado, tú sabes,
como si estuviesen zahiriendo a un pobre Cristo
atornillándose en lo alto en círculos concéntricos:
chabacano contar de escenas ya masticadas,
teatro, en el fondo, con sus reglas de escena,
y alguno que escucha, metido entre las hojas,
y toma nota o roba los diálogos.
Llegaron la ráfaga de viento, el estruendo de un portón,
el paso arrastrado de uno que se había perdido
y reaparecía en la maravilla de la incertidumbre:
se alejaron volando, dejando los jirones de las carnes.

Memoriale

E ancora lì, di nuovo in quelle strade,
come se non si potesse sfuggire al destino di flâneur
e invece scrivere con i passi sul rigo di ogni incrocio
fosse un modo come un altro di stendere un memoriale.
Visto dall'alto, o con un rilevatore satellitare,
ripeto gli stessi anelli, i giri concentrici,
finendo per smarrirmi nel troppo conosciuto.

Memorial

Y otra vez allí, de nuevo en aquellas calles,
como si no se pudiese escapar al destino de *flâneur*
y en cambio escribir con los pasos sobre la línea de cada cruce
fuese un modo como cualquier otro de desplegar un memorial.
Visto desde lo alto, o con un orientador satelital,
repito los mismos anillos, los giros concéntricos,
y termino por perderme en lo demasiado conocido.

Et cortice crudo

Quanto fruga il tordo nell'aiuola desolata
rastrello privo di splendore, soltanto metodo:
riccioli di corteccia, terriccio e gusci morti,
un Rothko su toni di bigio e inverno
con l'accompagnamento sonoro del raspare.
Troppi caffè, ancora, se questo rumore
finisce per ricordarmi la risacca sugli scogli
di una costiera sgretolata, fatta briciola.

Et cortice crudo

Cuanto hurga el tordo en el parterre desolado
rastrillo sin esplendor, sólo método:
rizos de corteza, mantillo y cáscaras muertas,
un Rothko en tonos de gris e invierno
con el acompañamiento sonoro del escarbar.
Mucho café, otra vez, si este rumor
termina por recordarme la resaca sobre los escollos
de una costa desmoronada, hecha migajas.

Cibo inconsapevole

A distanza di anni e di continenti
ci si scambiano carezze e convenevoli,
si affida a uno spazio vuoto inimmaginabile
il peso delle cose come sono state, oppure no.
È simile, il nostro, all'atto di ingoiare,
alla sensazione di un bolo che percorre esofagi
e scende, anche se non riusciamo a crederlo,
seguendo l'impulso di muscoli involontari,
una conoscenza priva di pensiero.

Alimento inconsciente

A la distancia de años y de continentes
se nos intercambian caricias y cortesías,
se confía a un espacio vacío inimaginable
el peso de las cosas como han sido, o no.
Se asemeja, el nuestro, al acto de engullir,
a la sensación de un bolo que recorre esófagos
y desciende, aun si no logramos creerlo,
siguiendo el impulso de músculos involuntarios,
un conocimiento carente de pensamiento.

Morso, sorriso

Attratto da un baluginio irregolare
—colpo di sole sul ghiaccio, di ferro sul cuore—
accorro, scavalco il marciapiedi, incurante
del traffico che invade la doppia carreggiata.
Di un fiume di facce salvo quelle che mi feriscono,
le ricamo negli occhi, le ricevo nello sterno,
dispongo una ad una le tessere del domino
e poi, seduto finalmente al tavolo di un bar,
ritaglio quadrati minuscoli, accanto al mio caffè,
e con quelli compongo un disegno affatto nuovo.
Perché ho attraversato la strada non è chiaro
e in fondo a questo punto conta poco:
di più sapere a chi consegnerò il mosaico,
su quale parete lo troveremo appeso,
se la cornice sarà pesante, o troppo spessa,
e soprattutto, su quale volto riluce quel bagliore.

Mordisco, sonrisa

Atraído por un centelleo irregular
—golpe de sol sobre el hielo, de hierro sobre el corazón—
me apresuro, salto la acera, despreocupado
del tráfico que invade la doble calzada.
De un río de rostros conservo los que me hieren,
los retoco en los ojos, los recibo en el esternón,
dispongo una a una las fichas del dominó
y luego, sentado por fin en la mesa de un bar,
recorto cuadrados minúsculos, junto a mi café,
y con ellos compongo un diseño totalmente nuevo.
Por qué atravesé la calle no está claro
y en el fondo, a estas alturas, cuenta poco:
cuenta más saber a quién le consignaré el mosaico,
sobre cuál pared lo encontraremos colgado,
si el marco será pesado, o demasiado grueso
y sobre todo, sobre qué rostro reluce aquel destello.

Con chi

Afferro il bicchiere con due dita di rum
e davanti a me, appena un po' a sinistra,
ho un rettangolo di luce sopra il molo,
il giorno che entra nel bar e lo sconquassa.
Tu prendi il tuo, sorridi impercettibile,
raccogli banane fritte dal piattino
le sminuzzi con la punta delle dita
e alle tue spalle passa un cielo sgombro.
Io impiego tempo a spiegarti cose,
tu quasi nulla a sfilacciarle e chiedere.
Ragioniamo, mi sembra, su di una storia,
delle complicazioni che attraversano i lati
e s'irradiano a stella, come scheletro di riccio,
echidna addormentata sul bancone, dietro di me.
Io muovo la mano per chiamare il conto,
alzo la mano, ricapitolo i discorsi.
Tu no: non c'eri, non ci sei mai stata.

Con quién

Aferro el vaso con dos dedos de ron
y ante mí, apenas un poco a la izquierda,
tengo un rectángulo de luz sobre el muelle,
el día que entra en el bar y lo destroza.
Tú tomas el tuyo, sonríes imperceptible,
recoges plátanos fritos del platico
los desmenuzas con la punta de los dedos
y a tus espaldas pasa un cielo despejado.
Yo empleo tiempo en explicarte cosas,
tú casi nada en deshilacharlas y preguntar.
Razonamos, me parece, sobre una historia,
sobre las complicaciones que atraviesan los lados
y se irradian en estrella, como esqueleto de erizo,
equidna adormecida en el mostrador, detrás de mí.
Hago un gesto con la mano para pedir la cuenta,
alzo la mano, recapitulo los discursos.
Tú no: no estabás ahí, nunca estuviste.

Tempio della pace

Scodinzolare come un cane sul lungargine
inconsapevole del quadrante che si è acceso più su
oltre la doratura delle pareti,
nel punto in cui rimbalzano i disegni e l'eco
e ancora una volta il tracciato delle foglie a terra
serve più che altro a non smarrirsi,
a sostenere che l'uomo che passa in bicicletta
è un operaio dei sentimenti
e il tamburo di una basilica la forma di un cranio ottagonale
(dentro, poi, scopri che le ceneri possono farsi mattonelle,
che troppi sono i nomi, insostenibile il loro peso).
Ore dopo, al decimo piano di una torre,
consumato il rito più atteso,
mentre oltre le finestre il petrolio ingoia i colori,
cerco di rispondere al telefono
in una lingua che non parlo più,
o che non ho ancora imparato.

Templo de la paz

Mover la cola como un perro al borde del río
inconsciente del cuadrante que se incendió más arriba
más allá de la doradura de las paredes,
en el punto en el que rebotan los dibujos y el eco
y otra vez el trazado de las hojas en el piso
sirve más que nada para no perderse,
a afirmar que el hombre que pasa en bicicleta
es un obrero de los sentimientos
y el tambor de una basílica, la forma de un cráneo octogonal.
(dentro, luego, descubres que la ceniza puede hacerse baldosas,
que son demasiados los nombres, insostenible su peso).
Horas más tarde, en el décimo piso de una torre,
consumado el rito más esperado,
mientras tras las ventanas el petróleo engulle los colores,
trato de responder el teléfono
en una lengua que ya no hablo,
o que todavía no he aprendido.

Lucis habitamus opacis

Museo ha le spalle larghe, è un poeta
di quelli misteriosi, di cui ignoriamo l'opera
e sappiamo che è imparentato con qualche ninfa,
eppure Virgilio lo disegna come un uomo forte,
un atleta che svetta sulle altre anime.
Il suo è un mondo di luci e opaco,
non gli importa di scegliere, fa lo stesso:
se nessuno legge i suoi versi, scuote la testa,
corre sulla fascia, aspetta che gli arrivi un lancio
per abbatterli tutti, i difensori dell'altra squadra
e mettere il pallone oltre la linea della meta,
dove finisce il campo e scorrono i ruscelli.

Lucis habitamus opacis

Museo tiene los hombros anchos, es un poeta
de esos misteriosos, del que ignoramos la obra
y sabemos que está emparentado con alguna ninfa,
sin embargo Virgilio lo dibuja como un hombre fuerte,
un atleta que descolla sobre las otras almas.
El suyo es un mundo de luces y opaco,
no le importa escoger, da lo mismo:
si ninguno lee sus versos, sacude la cabeza,
corre por la franja, espera que le llegue un pase largo
para abatirlos a todos, los defensores del otro equipo,
y poner el balón más allá de la línea de la meta,
donde termina el campo y corren los riachuelos.

Burano

Tu dici che hai trovato una maestra merlettaia,
che l'esplosione dei disegni messi a raggiera
è un pretesto per la costruzione di altri specchi:
a me sembra che guardandoli in filigrana
contro uno schermo scuro, di mogano o di cedro,
diventino il canovaccio di un colloquio
sul quale domande e risposte, parole e pause
ruotano come il cardine bianco della tessitura.
Ma tu sai che alla fine prevale il vuoto,
le figure sono fatte di assenza di materia,
attraversano in silenzio la laguna, pescano alghe
e planano come le gavine sulle reti stese.

Burano

Tú dices que encontraste una maestra de encajes,
que la explosión de los diseños puestos en aureola
es un pretexto para la construcción de otros espejos:
a mí me parece que mirándolos en filigrana
contra una pantalla oscura, de caoba o de cedro,
se convierten en la trama de un coloquio
sobre el que preguntas y respuestas, palabras
y pausas rotan como el gozne blanco del tejido.
Pero sabes que al final prevalece el vacío,
las figuras están hechas de ausencia de materia,
atraviesan en silencio la laguna, pescan algas
y planean como gaviotas sobre las redes tendidas.

Fuorigioco

Non restano solo le regole del gioco,
non tutto si riduce ai movimenti diagonali
né alle linee rette e all'incrocio delle sfere:
talora accade che uno desideri sottrarsi
e sedersi a bordo campo, guardando altrove.
Succede ad esempio quando attraversi un luogo
e quelli che incontri ti scrutano a fatica,
assorti nelle loro vicende, cui non appartieni.
Vanno e vengono, hanno i loro uffici,
i negozi, la piazza dove lasciarsi andare,
e tu sai che è lo stesso in altre città,
ma da questi qui, non altri, vorresti essere accolto.
Poi te ne vai ed è probabile che non verrai mai più
e che il ricordo si sbiadisca poco a poco,
finché ti chiederai se quella norcineria
si trovasse accanto all'arco di un ponte bianco
o sotto un porticato di mattoni, o invece
in una regione che hai sognato,
per il gusto di coltivare un tuo rimpianto.

Fuera de juego

No quedan sólo las reglas del juego,
no todo se reduce a movimientos diagonales
ni a líneas rectas o al cruce de las esferas:
a veces ocurre que uno desea sustraerse
y sentarse al borde del campo, mirando a otra parte.
Sucede por ejemplo cuando atraviesas un lugar
y a los que encuentras les cuesta escrutarte,
absortos en sus asuntos, a los que no perteneces.
Van y vienen, tienen sus oficios,
los negocios, la plaza donde abandonarse,
y sabes que es igual en otras ciudades,
pero querrías que estos aquí, no otros, te acogieran.
Luego partes y es probable que no vengas nunca más
y que el recuerdo se destiña poco a poco,
hasta que te preguntes si aquella carnicería
se encontraba junto al arco de un puente blanco
o bajo un pórtico de ladrillos, o en cambio
en una región que soñaste,
por el gusto de cultivar un pesar tuyo.

Incompiuta

Resto con la storia sospesa a mezz'aria
e tu che mi dici, guardandomi distratta,
che non conta il numero ma la qualità,
il fatto che si percepisca nel racconto
l'espressione dei personaggi, il modo in cui
dischiudono le labbra, abbozzano un sorriso
e poi si alzano, imboccando l'uscita,
lasciando un bicchiere sul tavolo
o un giornale squadernato sulla sedia.
Esci anche tu – a questo punto neanche so
se per andare dietro alla figura immaginaria
o perché non ti interessa più il finale:
il fatto è che io resto con la storia
sospesa a mezz'aria, e con il fallimento.

Incompleta

Quedo con la historia suspendida en el aire
y tú me dices, mirándome distraída,
que no cuenta el número sino la calidad,
el hecho de que se perciba en el cuento
la expresión de los personajes, el modo en que
entreabren los labios, esbozan una sonrisa
y luego se levantan, dirigiéndose a la salida,
dejando un vaso sobre la mesa
o un periódico abierto sobre la silla.
Tú también sales –en este punto ni siquiera sé
si para ir tras la figura imaginaria
o porque ya no te interesa el final:
el hecho es que quedo con la historia
suspendida en el aire, y con el fracaso.

Simile a una lucertola

I

Un uomo torna sul malecon dell'Avana.
Soltanto questo, una scena d'apertura.
La riva dell'oceano è un livido senza sfumature,
si sporge fino al bordo dell'altro continente,
e da questa parte ha mantelli di schiuma.
Pensa che sono passati vent'anni, quelli di Dumas,
che d'Artagnan si sarà nascosto tra le colonne
del lungomare – uguali a prima, con le stesse macchie
sui denti, gli stessi spazi lasciati dalle carie.
Nel vicolo c'è una bottega di barbiere,
un buco quadrato all'ingresso di un palazzo:
lo riconosce, era da lì che usciva fuori la bellezza
con passo prepotente, occhi che incenerivano
sorriso atteggiato sempre ad una burla,
ed era da lì che si saliva per le scale piene di detriti,
prive di luce, imbevute di un odore acido
(alcantarillado guasto, o invece assente)
e si arrivava in altri piani, altri mondi.
Il barbiere non lo sa, si limita a fargli un taglio corto,
a raccontargli del figlio, che compirà tre anni
e al quale vuole regalare un paio di scarpe nuove.

Semejante a una lagartija

I

Un hombre regresa al malecón de La Habana.
Solo esto, una escena de apertura.
El borde del océano es un lívido sin matices,
se extiende hasta el borde del otro continente,
y de este lado tiene capas de espuma.
Piensa que han pasado veinte años, los de Dumas,
que d'Artagnan se habrá escondido entre las columnas
del malecón –iguales que antes, con las mismas manchas
en los dientes, los mismos espacios que dejaron las caries.
En el callejón hay una barbería,
un hoyo cuadrado a la entrada de un palacio:
lo reconoce, era de allí que salía la belleza
con paso prepotente, ojos que reducían a ceniza
sonrisa dispuesta siempre a una burla,
y era de allí que se subía por la escalera llena de desechos,
sin luces, impregnada de un olor ácido
(alcantarillado corroído, o más bien ausente)
y se llegaba a otros planos, otros mundos.
El barbero no lo sabe, se limita a hacerle un corte ceñido,
a contarle del hijo, que cumplirá tres años
y al que quiere regalarle un par de zapatos nuevos.

II

Passa di qua, gli dice il libraio, indicando
un prisma di volumi che dovrebbero essere nuovi
se non che hanno le pagine sfocate, gialle,
e in fondo alla sala, sull'apotema,
si esce sulla piazza, da quella porta.
Tra le strade F e G, tra L ed M, tra i mandorli
e scavalcando le radici dei fichi tropicali,
l'uomo cerca di non cambiare sguardo,
non abbassarlo all'incedere delle ragazze
che ridono disordinate inseguendo l'autobus,
né allo spazzino che adopera un cartello di latta
(dice: divieto di transito, o forse senso unico)
per raccogliere sterpi e foglie ammonticchiate.
Se scopre che oggi l'oceano possiede due colori,
la malachite più vicina, un cobalto scuro in lontananza,
è solo perché attende lo spazio di un minuto
prima che l'onda assalti la muraglia
(all'improvviso, irragionevolmente grandi,
come bestie preistoriche i pellicani
venuti da un altro tempo planano a coppia,
immobili in realtà, nella corrente ascensionale,
e si fatica a credere che proprio lì sotto
abiti il Behemot che tutto inghiotte e lacera,
oscuro, in un punto incognito, o dovunque).

II

Pasa por aquí, le dice el librero, señalando
un prisma de volúmenes que deberían ser nuevos
salvo que tienen las páginas borrosas, amarillas
y al fondo de la sala, sobre la apotema,
se sale a la plaza, por aquella puerta.
Entre las calles F y G, entre L y M, entre los almendros
y superando las raíces de los ficus tropicales,
el hombre intenta no esquivar la vista,
ni bajarla ante el porte de las muchachas
que ríen desordenadas persiguiendo el autobús,
ni ante el barrendero que emplea un cartel de lata
(dice: prohibido el paso, o quizá sentido único)
para recoger brozas y hojas amontonadas.
Si descubre que hoy el océano tiene dos colores,
el malaquita más cerca, un cobalto oscuro a lo lejos,
es sólo porque espera por espacio de un minuto
antes de que la ola asalte la muralla
(de improviso, irracionalmente grandes,
como bestias prehistóricas los pelícanos
venidos de otro tiempo planean en parejas,
en realidad inmóviles, en la corriente ascensional,
y cuesta creer que justo allí abajo
habita el Behemot que todo lo engulle y lacera,
oscuro, en un lugar desconocido, o donde sea).

III

Ora la strada ortogonale, avenida Galiano o Italia,
è inondata da un sole insostenibile,
salvo la massa azzurra di un grande magazzino
che dicono essere stato tempio di offerte esclusive,
incanto, incontro, adesso scatolone quasi vuoto.
Negli incroci privi di grazia esita e poi si infila
tra le case che sono poligoni incastrati,
e quando alza la testa non scorge i bordi della geometria
ma un cornicione di malta tutta rappresa
che avvolge pezzi di ferro arrugginito, cocci, mattoni,
cornici di legno involontarie, come lucertole
arrotolate su un tumore appena nato.
Intanto ha camminato molto, com'è suo solito,
e gli hanno risposto persone inaspettate, dai balconi
o dai piccoli parchi pubblici che si aprono all'improvviso
all'incrocio tra due strade, in un luogo qualunque.
Questi giardinetti hanno una strana natura,
perché qui tutti vivono all'aperto, si sta seduti
sullo zoccolo di un edificio o sull'ultimo gradino
davanti a una casa, o ai ruderi dove ce n'era una,
e non ci sarebbe bisogno di aggiungere altri spazi.
Comunque sia, un uomo allampanato gli domanda
che cosa pensi dell'architettura di questa città,
ma poi la confonde con il sapore di una papaya
e gliene sta offrendo una spaccata a metà, perché l'assaggi,
e i semini cadono a grappolo come grano di rosario,
appiccicosi di melassa, e rotolano lungo il mento,
quindi lui ringrazia, decide di sottrarsi, fugge via.

III

Ahora la calle ortogonal, avenida Galiano o Italia,
está inundada por un sol insostenible,
salvo por la masa azul de una gran tienda
que dicen había sido templo de ofertas exclusivas,
encanto, encuentro, ahora un cajón casi vacío.
En los cruces sin gracia duda y luego se escurre
entre las casas que son polígonos encastrados,
y cuando alza la cabeza no distingue los bordes de la geometría
sino una cornisa de argamasa completemente cuajada
que envuelve pedazos de hierro herrumbrado, lozas, ladrillos,
marcos involuntarios de madera, como lagartijas
enrolladas en torno a un tumor recién nacido.
Mientras ha caminado mucho, como acostumbra,
y le han respondido personas inesperadas, desde los balcones
o desde los pequeños parques públicos que se abren de pronto
en el cruce de dos calles, en un lugar cualquiera.
Estos jardincitos tienen una extraña naturaleza,
porque aquí todos viven al aire libre, se sientan
en el zócalo de un edificio o sobre el último escalón
frente a una casa, o a las ruinas donde había una,
y no habría necesidad de añadir otros espacios.
Como sea, un hombre enjuto le pregunta
qué piensa de la arquitectura de la ciudad,
pero luego la confunde con el sabor de una papaya
y le ofrece una, partida por la mitad, para que la pruebe,
y las semillas caen en racimo como cuentas de un rosario,
pegajosas de melaza, y ruedan por el mentón,
luego le agradece, decide sustraerse, y huye.

IV

Davanti al cine Yara, invece, stazionano ragazzi invecchiati.
Lo guardano, non si capisce fino a che punto interessati,
anche perché lui è già passato, attratto dall'idea di un milk shake
nella caffetteria dell'ex Hilton, sempre lo stesso
(lo stesso: il frappé, che è ogni volta al cioccolato,
e l'albergo, che adesso si fa chiamare Havana Libre
e non ospita più i rivoluzionari ma una hall di marmo
dove si aprono gli ascensori che portano a una balera).
I fichi con le radici pensili, come proboscidi di mastodonti,
covano nidiate di ragazze che volano via presto
e un matto che parla da solo, in una tuta slabbrata,
in attesa di un autobus che a quanto dice non arriva mai,
con la pazienza del merlo quando tesse il proprio cesto:
è lì, assapora l'ombra, gira la testa in ogni direzione
finché l'ora è quella esatta, quando bisogna inabissarsi.
In profondità la luce non arriva, si avvertono muoversi
figure indefinite che ti sfiorano le gambe come alghe,
come corpi nascosti in un vicolo o dentro un androne,
finché ti sfila davanti agli occhi un nastro illuminato,
la vipera di mare con i fotofori fosforescenti,
e in alto, al terzo piano, scorgi due finestre senza vetri,
con le cornici sfondate e le luci tutte accese.
Ballano, all'interno, sul pavimento di maioliche sbeccate,
insultandolo con le figure impeccabili e veloci,
e l'uomo si sente inadeguato, è sempre in anticipo o in ritardo
, i corpi luccicanti di sudore sgusciano fuori dalle ombre
e sotto, e in lontananza, s'ingrossa la sagoma del Behemot.

IV

Frente al cine Yara, en cambio, se detienen muchachos envejecidos.
Lo miran, no se entiende hasta qué punto interesados,
también porque ya él pasó, atraído por la idea de un *milk shake*
en la cafetería del ex-Hilton, siempre lo mismo
(lo mismo: el *frappé*, que siempre es de chocolate,
y el hotel, que ahora se hace llamar Habana Libre
y ya no hospeda a los revolucionarios sino un *hall* de mármol
donde se abren los ascensores que llevan a una pista de baile).
Los ficus con las raíces aéreas, como trompas de mastodontes,
incuban camadas de muchachas que rápido alzan el vuelo
y un loco que habla solo, en un overol deshilachado,
esperando un autobús que por lo que dice no llega nunca,
con la paciencia del mirlo cuando teje la propia cesta:
está allí, saborea la sombra, vuelve la cabeza en todas direcciones
hasta que la hora es la exacta, cuando hay que sumergirse.
A lo profundo no llega la luz, se percibe que se mueven
figuras indefinidas que te rozan las piernas como algas,
como cuerpos escondidos en un callejón o dentro de un corredor,
hasta que te pasa ante los ojos una *cinta illuminata*,
la serpiente de mar con los fotóforos fosforescentes,
y arriba, en el tercer piso, distingues dos ventanas sin vidrio,
con los marcos forzados y todas las luces encendidas.
Adentro, danzan sobre el pavimento de cerámica gastada,
insultándolo con las figuras impecables y veloces,
y el hombre se siente inadecuado, siempre con adelanto o retraso
los cuerpos relucientes de sudor se escurren fuera de las sombras
y abajo, y a lo lejos, se engrosa la silueta del Behemot.

Donne veneziane

Accalcati tra migliaia affolliamo la piazza,
tratteniamo lo stupore al volo dell'angelo
(la ragazza, con una veste verde svolazzante,
scende dal campanile imbracata in cavi d'acciaio,
lenta, incurante del colpo apoplettico in agguato.
Altre, su lettighe portate a spalla,
avvolte in velluti rinascimentali e acconciate come la Fornarina,
entrano tra due ali di uomini innamorati.
Una madonna adolescente è tra i tamburi storici,
l'abito di panno rosso come in un Piero della Francesca,
e beve in piedi, bella, da un bicchiere di carta che le hanno dato).
A sera, rientrando tra le calli,
si incontra la sagoma di un'ultima ragazza,
sul balcone di casa, assorta,
nell'atto di scuotere la cenere di una sigaretta spenta.

Damas venecianas

Aglomerados entre miles abarrotamos la plaza,
contenemos el estupor al vuelo del ángel
(la muchacha, con una túnica verde ondeante,
desciende del campanario atada con cables de acero,
lenta, despreocupada del golpe apopléjico que acecha.
Otras, sobre camillas llevadas a la espalda,
envueltas en terciopelos renacentistas y acicaladas como la Fornarina,
entran entre dos alas de hombres enamorados.
Una madona adolescente está entre los tambores históricos,
el traje de paño rojo como en un Piero della Francesca,
y bebe de pie, bella, de un vaso de papel que le dieron).
En la noche, de regreso entre callejones,
se encuentra la silueta de una última muchacha
en el balcón de la casa, absorta,
en el acto de sacudir la ceniza de un cigarillo apagado.

AMARILLONARANJA

ARANCIOGIALLO

Il libro giornale

Quanto pesa il mento sul palmo della mano
appoggiando il gomito sul tavolo
quanto il dipanarsi delle memorie
l'inutilità del libro giornale
la contabilità delle occasioni
e l'improvviso torreggiare muto
di un piccione dietro le tue spalle
sulla panchina, presso l'aiola,
minaccioso come la certezza
che c'è qualcosa che non hai capito.

El libro contable

Cuánto pesa el mentón en la palma de la mano
apoyando el codo sobre la mesa
cuánto el desenredarse de los recuerdos
la inutilidad del libro contable
la contabilidad de las ocasiones
y el repentino descollar mudo
de una paloma a tus espaldas
sobre el banco, cerca del parterre,
amenazante como la certeza
de que hay algo que no has entendido.

Meteorologia di un luglio romano

Le ampolle di shulùq adagiano sull'asfalto, in centro,
paludi effimere, illusioni che ci sia uno specchio navigabile
sul quale non dico veleggiare, questo non si può,
ma almeno accoccolarsi per avvolgersi coi lembi
e dormire, in mezzo alla folla, sentendosi nomadi
o predoni del deserto, o contabili di scienze occulte.
Il miraggio è tale, ce lo hanno spiegato tante volte,
e allora è vano opporsi al prepotente martellare tempie
e occipite e lobi frontali, pulsare del sangue nelle vene,
finché decidi che la salvezza è solo nel lasciarsi andare:
deambuli come un meccanico fantoccio, sogni due laghi
fatti d'iride azzurroverde, di cornea da leccare agli angoli,
magari con la tua lingua che solleva appena le palpebre
e percorre la curva del cristallino, illudendosi ancora,
prima che anche il ritrovato nord sia preda di un favonio.

Meteorología de un julio romano

Las ampollas de *shulùq adagian* en el asfalto, en el centro,
ciénagas efímeras, ilusiones de que haya un espejo navegable
sobre el que no digo velerear, eso no se puede,
sino al menos acuclillarse para envolverse con los bordes
y dormir, entre la multitud, sintiéndose nómadas
o predadores del desierto, o contables de ciencias ocultas.
El espejismo es tal, nos lo han explicado tantas veces,
y entonces es vano oponerse al prepotente martillar sienes
y occipitales y lóbulos frontales, pulsar de la sangre en las venas,
hasta que decidas que la salvación está sólo en el abandonarse:
deambulas como un mecánico fantoche, sueñas dos lagos
hechos de iris azul-verde, de córnea para lamer en los ángulos,
quizá con tu lengua que alza apenas los párpados
y recorre la curva del cristalino, hiciéndose todavía ilusiones,
antes de que también el norte encontrado sea presa de un favonio.

La possibilità di una cicala

Davanti al portone, su una strada a doppia carreggiata,
nell'estate metropolitana spadellata di sole e asfalto,
mi sono accorto (era mattina presto, il traffico
era ancora un'ipotesi lasciata agli indovini)
che i platani suonavano, accompagnandomi nei passi:
un sussurrato sonaglio giocato su sibilanti e fricative
centinaia di cicale nascoste sui rami in alto,
o forse meno, non si riesce a dirlo mai.
Il loro verso, se verso è, è cosa duttile
che si adegua, o noi adeguiamo, alle necessità:
volta per volta ossessiva cacofonia quasi violenta
martellio che s'impossessa degli ossi temporali
oppure una metrica sulla quale costruire
perfino un canto una filastrocca matta.
Mi ha colto lo stupore di trovarle qui
lontane dal mio giardino meridionale
dalle falesie sul mare, dai ligustri caldi:
ho pensato che magari le ascolti tu, sull'isola,
che siano le stesse, o unite da alleanza,
che si scambino i ruoli e gli spartiti
e addirittura che sentiamo la stessa musica.

La posibilidad de una cigarra

Ante el portón, en una calle de doble vía,
en el verano metropolitano asado de sol y asfalto,
me di cuenta (casi amanecía, el tráfico
era todavía una hipótesis dejada a los adivinos)
de que los plátanos sonaban, acompañándome los pasos:
una sonaja susurrante tocada en sibilantes y fricativas
centenares de cigarras escondidas en las ramas a lo alto,
o quizá menos, nunca se puede decir.
Su canto, si es un canto, es algo dúctil
que se adecúa, o adecuamos, a las necesidades:
una y otra vez obsesiva cacofonía casi violenta
martilleo que se posesiona de los huesos temporales
o quizá una métrica sobre la cual construir
hasta un canto una cantinella loca.
Me embargó el asombro encontrarlas aquí
lejanas de mi jardín meridional
de los acantilados sobre el mar, de los ligustros cálidos:
pensé que tal vez las escuchas tú, en la isla,
que son las mismas, o unidas en alianza,
que intercambian los roles y las partituras
e incluso que escuchamos la misma música.

Quinta vocale

All'inizio c'è una geometria di gomiti e ginocchia,
angoli ottusi, che denotano uno stato di riposo
(dopo una battaglia o conclusa una corrida)
e il respiro che naviga sulle lenzuola, incerto
se affondare nel sonno o riaffiorare a tratti.
Gli scuri lasciano filtrare non so che cosa,
una polvere grigia, di fotoni spenti, sospesi,
ma quello che arriva è la quinta vocale,
prolungata, di una civetta o un barbagianni.

Quinta vocal

Al comienzo hay una geometría de codos y rodillas,
ángulos obtusos, que denotan un estado de reposo
(luego de una batalla o concluida una corrida)
y el respirar que navega sobre las sábanas, indeciso
de si hundirse en el sueño o resurgir por momentos.
Los postigos dejan filtrar no sé qué cosa,
un polvo gris, de fotones apagados, suspendidos,
pero lo que llega es la quinta vocal,
prolongada, de un búho o una lechuza.

Metropolitana notturna

Non ci sono anime sui seggiolini di plastica grigia,
una ragazza bionda parla ininterrottamente
all'egiziano goffo, gli dice ridendo dei suoi studi,
di quanto siano difficili, della paura di fallire,
lui l'ascolta in silenzio, si capisce che sono estranei,
sorride per educazione e timidezza:
finché mi è chiaro, lei sta raccontando della scuola guida,
di partenze in salita e a marcia indietro,
e lui beve i suoi occhi, che di certo non incontrerà domani.
Cambiando linea a Termini c'è già più gente,
un ragazzo esile tormenta la rosa dal lungo stelo
accanto a una fanciulla molto elegante.
A me in fondo mancano cose che non dovrebbero contare,
poltrone spaiate, porte dipinte, un tavolino con il rum,
la sensazione che sia rimasta proprio lì
una parola che avevo smarrito
e che di certo non ritroverò domani.

Metropolitana nocturna

No hay almas sobre las sillitas de plástico gris,
una muchacha rubia habla ininterrumpidamente
al egipcio torpe, riendo le habla de sus estudios,
de qué difíciles son, del miedo de reprobar,
él la escucha en silencio, se entiende que no se conocen,
sonríe por educación y timidez:
hasta que se me aclara, ella le cuenta de la escuela de manejo,
de arranques en subida y del retroceso,
y él bebe sus ojos, que con certeza no encontrará mañana.
Cambiando de línea ya hay más gente en Termini,
un muchacho delgado atormenta la rosa de largo tallo
junto a una muchachita muy elegante.
A mí, en el fondo, me faltan cosas que no deberían importar,
poltronas desparejadas, puertas pintadas, una mesita con el ron,
la sensación de que haya quedado justo allí
una palabra que había perdido
y que seguro no encontraré mañana.

Come un cespo di ginestre

Dico alla zingara in fondo alla mia strada:
ascoltami, il fumo che vedi tra gli alberi è un'illusione ottica,
sono labbra aperte giganti, mordono se ti avvicini,
livide come un bacchino malato capaci di contagio,
e se le baci l'asfalto ti afferrerà, sarai facile preda,
fatta statua di creta nera screpolata ti ritroveranno
archeologi di un universo ancora da immaginare.
Lei ride: non sarei io a dover predire il futuro, risponde,
che cosa ti viene in mente di rubare il mio mestiere?
Mi pone una mano sulla spalla, dita sporche, eleganti,
lunghe come un ramoscello di ligustro della mia costa,
strizzando un occhio mi dice: dolcezza, tu sei cosa perduta,
non sai più nemmeno tu che cosa ti attenderà domani,
perciò dormi, mio bel bimbo, affonda nei tuoi sogni,
e sappi che risorgerai, come un cespo di ginestre.

Como un cogollo de retamas

Digo a la gitana al final de mi calle: escúchame,
el humo que ves entre los árboles es una ilusión óptica,
son labios abiertos gigantes, muerden si te acercas,
lívidos como un pequeño baco enfermo contagioso,
y si los besas te aferrará el asfalto, serás presa fácil,
hecha estatua de greda negra agrietada te encontrarán
arqueólogos de un universo todavía por imaginar.
Ella ríe: no sería yo la que debe predecir el futuro, responde
¿cómo se te ocurre robarte mi oficio?
Me pone una mano en la espalda, dedos sucios, elegantes,
largos como un ramillete de ligustro de mi costa,
entrecerrando un ojo me dice: dulzura, estás perdido,
ya tú ni siquiera sabes qué te esperará mañana,
por eso duerme, mi niño bello, húndete en tus sueños,
y sabe que resurgirás, como un cogollo de retamas.

Scritto sull'acqua

Eppure la camomilla irrompe tra le fessure del pavimento
dove il sentiero percorre un'ipotenusa
e insorge contro l'ubiquità di ogni cateto:
io disegno a mano libera con quel po' di terra
benedico gli errori che altri riproverebbero,
e se resto seduto sulla longitudine del legno
è per l'inerzia dell'acqua dove Keats ha scritto il nome.
Fiaccami, o diva, con l'afa inaspettata,
percuoti i deltoidi e il trapezio, entrambi madidi,
ma rendimi la camicia dopo ogni lavacro,
perché io possa presentarmi a te come uno sposo,
non invece come l'intruso che si è rinsavito
annientato dai passi spesi in troppi altrove.

Escrito sobre el agua

Sin embargo la camomila irrumpe entre las fisuras del pavimento
donde el sendero recorre una hipotenusa
e insurge contra la ubicuidad de cada cateto:
yo dibujo a mano libre con aquel poco de tierra
bendigo los errores que otros reprobarían,
y si permanezco sentado sobre la longitud del madero
es por la inercia del agua donde Keats escribió el nombre.
Desgástame, oh diosa, con la canícula inesperada,
golpea los deltoides y el trapecio, ambos mojados,
pero devuélveme la camisa luego de cada ablución,
para que pueda presentarme ante ti como un esposo,
y no como el intruso que recobró el sentido
aniquilado por los pasos gastados en demasiadas otra-partes.

Classico

La storia di Topolino contro lo Squalo marcava i battiti
delle ruote dove si separano i binari, donde lo sferragliare.
Chiuso nello scompartimento, allora con le poltrone di velluto,
la fuga era all'interno, non ci sarebbero mai stati viaggi,
già andare a Roma era l'eccesso dell'entropia centrifuga.
Altre pagine, non sempre a bianco e nero, sono venute,
e non ricordo nemmeno la sorte del pirata su quella carta:
so invece che non si riesce a serrare i coperchi fino in fondo,
c'è sempre un filo d'aria che filtra come fa la luce
e i colpi sono adesso quelli su un tamburo, in altri luoghi,
o sul lato opposto di una porta, dall'esterno, perché ci sia aperto.

Clásico

El cuento de Mickey Mouse contra el Tiburón marcaba los latidos
de las ruedas donde se separan las vías, de allí el rechinar.
Encerrado en el compartimiento, entonces con sillones de terciopelo,
la fuga era al interior, nunca habría habido viajes,
ya ir a Roma era el exceso de la entropía centrífuga.
Otras páginas, no siempre en blanco y negro, vinieron,
y no recuerdo siquiera la suerte del pirata en las páginas:
sé en cambio que no se logra cerrar las tapas hasta el final,
hay siempre un hilo de aire que se filtra como lo hace la luz
y los golpes son ahora los de un tambor, en otros lugares,
o sobre el otro lado de una puerta, de afuera, para que nos abran.

Campoleone's Song

Il gentiluomo seduto davanti a me
ha una giacca grigia sui jeans stinti
e la camicia bianca, e dev'essere partito
dal Kenya o dai Grandi Laghi, tanti anni fa.
Armeggia con un cellulare nero, grosso,
cercando di collegare i cavi della cuffia,
litigando con il cinto degli occhiali di tartaruga.
L'operazione riesce male, sentiamo tutti
le note di un vecchio rock sparate intorno
e i ragazzi con gli i-phone luccicanti bianchi
appesi ai loro auricolari come cyborg
ne sono stupiti, più che infastiditi.
Il mio compagno di viaggio occasionale
rinuncia, mette via i fili, chiude gli occhi.
La valigetta rettangolare nera tra le scarpe,
rigida, con le chiusure di luccicante cromo,
potrebbe contenere i pezzi di un clarino
o le componenti di una bomba, o di un poema,
ed è lì dentro, sembra, che precipitiamo
quando compaiono le arature a Campoleone,
ben prima dell'acquedotto romano e dell'arrivo.

Campoleone's Song

El caballero sentado frente a mí
tiene una chaqueta gris con jeans desteñidos
y la camisa blanca, y debe haber salido
de Kenya o de los Grandes Lagos, hace años.
Se afana con un celular negro, grande,
intentando conectar los cables del audífono,
litigando con la cuerda de los anteojos de carey.
La operación sale mal, todos oímos
las notas de un viejo rock disparadas alrededor
y a los muchachos con los iPhones blancos brillantes
colgados de sus auriculares como *cyborgs*
los sorprende, más de lo que los fastidia.
Mi compañero de viaje ocasional
renuncia, guarda los hilos, cierra los ojos.
La maletita rectangular negra entre los zapatos,
rígida, con los cierres cromados brillantes,
podría contener las partes de un clarinete
o los componentes de una bomba, o de un poema,
y es allí dentro, parece, que nos precipitamos
cuando aparecen los arados en Campoleone,
mucho antes que el acueducto romano y la llegada.

La pace sia con te

Ci sono degli uomini spaventosi
fatti di peluria indistricabile,
matasse piene di polvere e molliche,
che frugano nei cassonetti all'alba
e bivaccano appoggiati alle saracinesche
da soli, senza farsi compagnia,
privi della forza di raccontarsi storie.
Se si riuniscono, alle volte, fanno drappello
composto però di unità allo sbando
eppure in grado di metterci alla prova,
di anticipare un futuro che temiamo.
Di loro mi stupisce il silenzio,
li trovo anche troppo educati,
ammutoliscono dinanzi all'evidenza
che altri vivano al posto loro, usurpandoli.
Ve n'è uno, poi, che ogni mattina
mi saluta in arabo (ignoro se sia la sua lingua
o se creda che sia io quello che la parla),
soltanto due parole, sempre le stesse:
salam aleikum, e io gli rispondo
e mi sorprende la sua innocenza
la dolcezza con cui dispiega il corpo
strumento sprecato, privo di conseguenze,
come se l'urlo di una montagna, altrove,
potesse portarlo via, finire di perderlo,
e per questo si stringesse alla gola il bavero
perfino in pieno agosto, insensibile.
Certi gli ruberanno il posto o magari l'ombra,
qualcuno giocherà con il segno di una bottiglia
posata vuota sotto la sua carrozzella:
sarà allora battaglia, combattuta senza quartiere,
tra un loro pugno e il suo sbattere le ciglia.

La paz sea contigo

Hay hombres aterradores
hechos de vello inextricable,
madejas llenas de polvo y migas,
que hurgan los basureros al amanecer
y acampan apoyados en las santamarías
solos, sin hacerse compañía,
privados de la fuerza de contarse historias.
Si se reúnen, a veces, hacen pelotón
compuesto eso sí de unidades en desbandada
pero capaces de ponernos a prueba,
de anticipar un futuro que tememos.
De ellos me sorprende el silencio,
me parecen incluso demasiado educados,
enmudecen ante la evidencia
de que otros vivan en su lugar, usurpándolos.
Además hay uno que cada mañana
me saluda en árabe (ignoro si es su lengua
o si cree que sea yo el que la habla),
sólo dos palabras, siempre las mismas:
salam aleikum, y yo le respondo
y me sorprende su inocencia
la dulzura con la que despliega el cuerpo
instrumento derrochado, sin consecuencias
como si el aullido de una montaña, en otra parte,
pudiera llevárselo, terminar de perderlo,
y por ello se ciñera la garganta con las solapas
incluso en pleno agosto, insensible.
Algunos le robarán el puesto o quizá la sombra,
alguno jugueteará con la etiqueta de una botella
colocada vacía bajo su carrito:
habrá entonces batalla, combate sin cuartel
entre uno de sus puños y su sacudir las pestañas.

Viaggio nel buio

Se io guardo
i corpi in controluce dal finestrino buio di un tram
sono le sagome scure avvolte nelle luci del traffico
(i fari rossi o bianchi e il verde dei semafori)
replicate sull'asfalto come sull'acqua
rovesciate, talora anche allungate, come fiamme di candela,
e tuttavia
non sono le persone che li abitano,
non il fischio idraulico di un autobus che frena
e che genera rimpianto, forse angoscia
agli abitanti dei palazzi dattorno,
sdraiati nei loro letti nell'oscurità,
insonni a chiedersi che cosa li aspetti oggi,
quali larve scivolino sui marciapiedi e lungo i viali
quali parole li minacceranno e feriranno le loro palpebre
lasciando entrare la polvere
finché ne avranno troppa da scuoter via.

Su un ponte io mi fermo.

Viaje en la oscuridad

Si miro
los cuerpos a contraluz desde la ventanilla oscura de un tranvía
son las siluetas oscuras envueltas en las luces del tráfico
(los faros rojos o blancos y el verde de los semáforos)
replicadas sobre el asfalto como sobre el agua
invertidas, a veces aun alargadas, como llamas de vela,
y sin embargo
no son las personas que los habitan,
ni el silbido hidráulico de un autobús que frena
y que genera arrepentimiento, acaso angustia
a los habitantes de los palacios cercanos,
tendidos en sus lechos en la oscuridad,
preguntándose insomnes qué les espera hoy,
qué larvas se deslizan en las aceras y por las avenidas
qué palabras los amenazarán o herirán sus párpados
al dejar entrar el polvo
hasta que tengan demasiado para sacudírselo.

Sobre un puente yo me detengo.

Prima colazione

L'uomo con la valigetta chiede un cappuccino e un cornetto:
questo non spiega la luce verde appannata dentro il locale
— latte e menta, pensa lui — dev'essere il neon ancora acceso
anche se è già mattina e le ombre si sono sfittite nelle aiole.
L'orlo del giornale ha dei graffi fatti con una penna a sfera,
sopravvissuta evidentemente all'era dell'e-book,
e c'è una geografia di consonanti sbilenche, messe a caso
o forse disposte a indicare un codice per iniziati.
Dello stesso colore dell'inchiostro, l'azzurro del video
in alto sulla destra rimanda tremolando l'annuncio dei fatti,
gli accordi ancora incerti sul futuro di un partito
e le inchieste della magistratura sullo scandalo dei fondi,
ma il cliente volge le spalle al notiziario, sembra riflettere
sull'opportunità di aggiungere un'altra dose di zucchero
o sul romitaggio che porta appresso nei suoi vestiti.
Lo sorprende sulla soglia il dolore del piccione,
sempre lo stesso, uccello immondo, sgraziato, inviso ai più,
caffelatte con un moncherino al posto di una zampa,
che quando cammina ruota come una girandola al vento;
in strada porge una mano per chiedere l'elemosina
e guarda l'uomo con la valigetta dritto negli occhi,
scruta i movimenti del suo cuoio capelluto, le gocce di sudore,
adesso grida, pensa lui, o perfino mi si avventa al collo,
invece si allontana zoppicando con la gamba destra,
facendole percorrere un giro come alle pale di un mulino,
lasciando sul selciato le orme di un pellegrinaggio.
L'altro resta sul posto, non sa decifrare l'episodio
né decidersi a lasciarselo alle spalle. Sono già le otto,
c'è un vapore che si alza a fatica, tra le automobili,
e all'improvviso sa di essere nel mezzo di un Sahara.

Desayuno

El hombre con la maletica pide un cappuccino y un croissant:
esto no explica la luz verde ofuscada en el local
–leche y menta, piensa– debe ser el neón todavía encendido
aunque ya sea de mañana y las sombras se hayan diluido en los
         parterres.
El borde del periódico tiene rasguños hechos con bolígrafo,
que sobrevive evidentemente a la era del e-book,
y hay una geografía de consonantes cojas, puestas al azar
o quizá dispuestas para indicar un código para iniciados.
Del mismo color que la tinta, el azul del vídeo
arriba a la derecha devuelve vibrando el anuncio de los hechos,
los acuerdos aún inciertos sobre el futuro de un partido
y las investigaciones de la magistratura sobre el escándalo de los
         fondos,
pero el cliente vuelve la espalda al noticiero, parece pensar
en la oportunidad de añadir otra dosis de azúcar
o en el aire de eremita que lleva adherido en su ropa.
Lo sorprende en el umbral el dolor de la paloma,
siempre el mismo, pájaro inmundo, desaliñado, casi desagradable
café-con-leche con un muñón en lugar de una pata,
que cuando camina rueda como una veleta al viento;
en la calle extiende una mano para pedir limosna
y mira al hombre con la maletica directo a los ojos,
escruta los movimientos de su cuero cabelludo, las gotas de sudor
ahora grita, piensa aquél, o incluso me salta al cuello,
en cambio se aleja cojeando con la pierna derecha,
haciéndola recorrer un giro como a las aspas de un molino,
dejando en el adoquinado las huellas de un peregrinaje.
El otro se queda en el sitio, no sabe descifrar el episodio
ni decidir dejarlo atrás. Ya son las ocho,
hay un vapor que se alza a duras penas, entre los autos,
y de pronto sabe que está en medio de un Sahara.

Aranciogiallo

Ed è così che avviene,
proprio come un'interpellanza,
l'uomo fermo a un angolo di strada
ti vede e muove un passo verso di te
e tu non riesci ad evitarlo.
Ti chiederà una sola cosa
e non sarai in grado di rispondergli.
Cade presto l'imbrunire, in questa stagione,
i primi negozi accendono le luci,
il bagnato su asfalto e marciapiede
riflette strisce aranciogiallo
e ne avrai molti, di rimpianti.

Amarillo-naranja

Y es así que sucede,
justo como una interpelación,
el hombre parado en una esquina de la calle
te ve y da un paso hacia ti
y tú no logras evitarlo.
Te preguntará una sola cosa
y no serás capaz de responderle.
Cae veloz el anochecer, en esta estación,
las primeras tiendas encienden las luces,
los charcos sobre asfalto y aceras
reflejan franjas amarillo-naranja
y tendrás muchos, muchos arrepentimientos.

Sala di controllo

A volte resto a guardarle, le strade, di notte,
di solito lo stesso tratto, dalla finestra di casa.
Lo schermo del vetro e l'assenza di suoni
trasformano la scena nel monitor di un posto di guardia:
ogni cinque o sei minuti scivola via un'auto,
silenziosa, e mi chiedo perché, e dove andrà,
in questo perlaceo verde che imbeve il mondo.
Oppure entra un uomo, nel campo visivo,
attraversa la carreggiata in diagonale – sbanda,
o è solo la percezione dal mio osservatorio,
poi scompare e non succede più niente.
Mi piacerebbe assistere a un evento raro,
una corsa di calessi, un varano che guizza via,
un incontro di chimere, un colore che non conosco ancora.
Non accadrà mai, penso, mentre un camion dei rifiuti
alza la proboscide in un fracasso ottuso, spento.

Sala de control

A veces me quedo mirándolas, las calles, de noche
con frecuencia el mismo trecho, desde la ventana de casa.
La pantalla del vidrio y la ausencia de sonidos
transforman la escena en el monitor de una garita de vigilancia:
cada cinco o seis minutos pasa deslizándose un auto,
silencioso, y me pregunto por qué, y adónde irá.
en este perláceo verde que impregna el mundo.
O bien entra un hombre, en el campo visual,
atraviesa la calzada en diagonal −se desvía,
o es sólo la percepción desde mi observatorio,
luego desaparece y no sucede nada más.
Me gustaría ser testigo de un evento raro,
una carrera de calesas, un lagarto que se escabulle,
un encuentro de quimeras, un color que no conozco todavía.
Nunca pasará, pienso, mientras un camión de basura
alza la trompa con un estrépito obtuso, apagado.

À rebours

Risalendo il fiume, lontano dalla foce
e dal chiasso dei ponti di città,
l'illusione contro logica che l'alveo si allarghi,
si faccia piazza su cui si affacciano gli arbusti,
e il verde dell'acqua mista alla melma
ospiti giganti fatti di carne silenziosa
che tacciono, appunto, immersi fino al petto.
Il tonfo di un remo ci ammonisce al vero:
non eravamo nemmeno qui, è stato un errore,
ci richiama a invertire la rotta
e tornare alle case, ai marciapiedi,
alla canicola che spacca il mattonato
e induce gli anziani alla follia, gli ambulanti
a fuggire con tutto il carico di tappeti,
inseguiti da un'orda di gabbiani.
Rido.

À rebours

Remontando el río, lejos de la desembocadura
y del estrépito de los puentes de ciudad,
la ilusión contra lógica de que el lecho se ensanche,
se vuelva plaza a la que se asoman los arbustos,
y el verde del agua mezclada con el légamo
hospede gigantes hechos de carne silenciosa
que callan, precisamente, hundidos hasta el pecho.
El ruido de un remo nos reclama a lo verdadero:
ni siquiera estábamos aquí, era un error,
nos reclama a invertir la ruta
y volver a las casas, a las aceras,
a la canícula que agrieta el enladrillado
e induce a los ancianos a la locura, a los buhoneros
a huir con toda la carga de alfombras,
perseguidos por una horda de gaviotas.
Me río.

Via dei Pettinari

Sfollato, il vicolo romano domenica di luglio
offre un magnifico gelato di zabaione e pino mugo
ai rari abitanti che girano nel filo d'ombra:
la ragazza in hot pants è scacciata dalla chiesa
dove l'attendeva una pala di Guido Reni,
la ministra fa la fila nel supermercato
e il cassiere grida dietro a un altro avventore.
Peccato per il mendicante dai bicipiti furenti
che addomestica i suoi cani sul selciato
e non si accorge del cinguettio dei cavi sulle teste:
vi leggerebbe – oseremmo dire – come dentro un rigo
una scala di suoni articolati, su cui predire
incontri, colloqui, o anche solo l'urto di un viso.

Via dei Pettinari

Desalojado, el callejón romano domingo de julio
ofrece un magnífico helado *di zabayón* y pino de montaña
a los raros habitantes que giran en el hilo de sombra:
expulsan de la iglesia a la muchacha en *hot pants*
donde la esperaba un retablo de Guido Reni,
la ministra hace la cola en el supermercado
y el cajero grita detrás a otro cliente.
Lástima el mendigo con los bíceps furiosos
que domestica sus perros en el adoquinado
y no se da cuenta del gorjeo de los cables sobre las cabezas:
allí leería —osaríamos decir— como dentro de un pentagrama
una escala de sonidos articulados, sobre los que predecir
encuentros, coloquios, o incluso sólo el choque de un rostro.

Predica nel deserto

Al Monte di Pietà arrivano oggi attratti dal calore
turisti che boccheggiano: la piazza a metà nell'ombra
gioca con il barocco e le auto parcheggiate in mezzo.
Siamo lì ad aspettare che esca un santo,
che abbandoni l'altare e venga a sedersi al sole,
canticchiando il tormentone dell'estate, a mani giunte.

Prédica en el desierto

Al *Monte di Pietà* llegan hoy atraídos por el calor
turistas que jadean: la plaza a medias en la sombra
juega con el barroco y los autos estacionados en el medio.
Estamos allí esperando que salga un santo,
que abandone el altar y venga a sentarse al sol,
canturreando el éxito veraniego, a manos juntas.

Santa Barbara dei librai

Con il grembiule e l'annaffiatoio di plastica verde
l'omino ruandese o di altri grandi laghi
dà l'acqua alle piante in vaso, ai lati della porta,
tra un ristorante di baccalà e una yogurteria.
Dentro, le sedioline vanno a sinistra e a destra
come se la navata fosse orizzontale
(o è lo spazio che manca, di fronte all'altare).
Nel fresco del pavimento a mattonelle mi chiedo
se verrà una vecchina strascicando le pattine
con un vassoio tintinnante di chicchere
e dove siano gli scaffali, e se nascosto in uno
troverò un libro, uno spazio libero dalla polvere.

Santa Bárbara de los libreros

Con el delantal y la regadera de plástico verde
el hombrecito ruandés o de otros grandes lagos
da agua a las plantas en la maceta, al lado de la puerta,
entre un restaurante de bacalao y una yogurtería.
Adentro, las sillitas van a siniestra y a diestra
como si la nave fuera horizontal
(o es el espacio lo que falta, frente al altar).
En el fresco del pavimento de baldosas me pregunto
si vendrá una viejecita arrastrando los tapetes
con una bandeja tintineante de tazas
y dónde están los estantes, y si escondido en uno
encontraré un libro, un espacio libre del polvo.

A Ponte Milvio

Nello spazio rettangolare le persone si adeguano al
bianco e grigio degli scacchi:
il pavimento è una corsia scandita, alcuni passano,
        altri siedono,
ciascuno masticando il cibo con la stessa serietà
        di un pensiero in costruzione.
La bella cameriera digita l'ordine, il grembiule a righe
        rosse non le è goffo,
è come se il suo sorriso lo sgonfiasse dagli zigomi
        giù alle anche,
e dentro alle bottiglie l'acqua che appanna i vetri
        la trattiene,
riproduce la sua camminata come lo scivolare
        di un desiderio.
Ci chiediamo dove vada quando scompare
        dietro una porta,
se di là si ripeta il miracolo dello splendore
        sulla sua pelle,
se la memoria di una frase le faccia increspare gli angoli
        degli occhi
o se invece tutto si cancelli, noi che siamo qui seduti,
        i piatti,
l'eco di un cucchiaio sulla tazzina, tutto
        irrimediabilmente perso.

En el Puente Milvio

En el espacio rectangular las personas se adecúan
al blanco y gris del ajedrez:
el pavimento es un canal escandido, algunos pasan,
  otros se sientan,
cada uno masticando la comida con la misma seriedad
  de un pensamiento en construcción.
La bella camarera tipea la orden, el delantal de rayas
  rojas no le va mal,
es como si su sonrisa lo desinflara de los pómulos
  hasta las caderas,
y dentro de las botellas el agua que opaca los vidrios
  la retiene,
reproduce su caminar como el deslizarse
  de un deseo.
Nos preguntamos a dónde irá cuando desaparece
  detrás de una puerta,
si allá se repite el milagro del esplendor
  sobre su piel,
si el recuerdo de una frase le haga arrugar los ángulos
  de los ojos
o si al contrario todo se cancela, nosotros aquí
  sentados los platos,
el eco de una cuchara sobre la tacita, todo
  irremediablemente perdido.

Negozio nel quartiere

Annottando
fingiamo di misurare il viale, sotto i platani,
guidati dalle luci degli ultimi negozi ancora aperti:
entrare nel gialloarancio di una porta a vetri,
anche a caso, è un approdo alla salvezza.
Sugli scaffali scatole di cartone con elefanti e scimmie
che suonano, scuotendo i cereali, come maracas,
e una pila di quaderni, le copertine a fiori
o fucsia, o con paesaggi di castelli di montagna.
Sfogliandoli, l'innocenza delle righe e dei quadretti
lacera intestini, fa gocciolare sangue nei toraci,
ci spinge oltre, dove sono i detersivi o gli oli.
Come fedeli tra le navate passano anziani incerti,
ragazze in trio, che guardano senza saper osare,
una coppia dagli occhi tristi, che biascica addizioni,
altri che riconoscendosi ottengono coraggio.
In fondo sappiamo che l'ora è avanzata,
che le porte saranno chiuse, sbarrando ingressi,
obbligandoci all'uscita, senza andare in pace.
Fuori il buio è fatto a losanghe nere,
più freddo alla vista di quanto sia in realtà,
ma tra i mandorli in aiuola cresce il rimpianto
che corrode i tessuti quando sono ancora vivi,
digerendoli.

Tienda en el barrio

Anocheciendo
fingimos medir la avenida, bajo los plátanos,
guiados por las luces de las últimas tiendas aún abiertas:
entrar en el amarillonaranja de una puerta de vidrio,
aun al azar, es un arribo a la salvación.
En los estantes cajas de cartón con elefantes y simios
que suenan, al sacudir los cereales, como maracas,
y una pila de cuadernos, con cubiertas de flores
o fucsia, o con paisajes de castillos de montaña.
Hojeándolos, la inocencia de las líneas y de los cuadritos
lacera intestinos, hace gotear sangre en los tórax,
nos empuja más allá, a donde están los detergentes o los aceites.
Como feligreses entre las naves pasan ancianos vacilantes,
muchachas en trío, que miran sin saber osar,
una pareja con ojos tristes, que masculla sumas,
otros que al reconocerse obtienen valor.
En el fondo sabemos que la hora es avanzada,
que se cerrarán las puertas, obstruyendo ingresos,
obligándonos a la salida, sin ir en paz.
Afuera la oscuridad está hecha de rombos negros,
más frío a la vista de cuanto lo es en realidad,
pero entre los almendros del parterre crece el remordimiento
que corroe los tejidos cuando todavía están vivos,
digiriéndolos.

Libro di storia

I raccoglitori avanzano a coppie e squadre, sui marciapiedi,
frugano nei cassonetti con lunghe dita di metallo,
celebrando l'ordine, somministrando il metodo.
Nessuno scrive ancora le cronache delle campagne,
gli imperi e i regni espandono i loro territori
e si tengono consigli, si arriva al giorno dei trattati
per definire le frontiere, stendere i colori sulle mappe:
ne nascono figure spaventose, amebe di porpora
o granchi con il numero sbagliato delle zampe.
A sera, le opposte truppe cercano vie di fuga
e se il sessantanove passa in ritardo o troppo pieno
la Controriforma si smarrisce nei corridoi di una favela
o in uno spiazzo tra le baracche del Salario,
tra le gambe dei bambini che giocano a pallone,
uno dei quali si chiamerà già Locke, e Hume un altro,
e il secolo dei Lumi avrà l'odore dei cavi di rame.

Libro de historia

Los recolectores avanzan en parejas y equipos, en las aceras,
hurgan los basureros con largos dedos metálicos,
celebrando el orden, suministrando el método.
Todavía ninguno escribe la crónica de las campañas,
los imperios y los reinos expanden sus territorios
y tienen lugar consejos, se llega al día de los tratados
para definir las fronteras, extender los colores en los mapas:
nacen de ello figuras espantosas, amibas de púrpura
o cangrejos con un número equivocado de patas.
En la noche, las tropas opuestas buscan vías de escape
y si el sesentainueve pasa retrasado o demasiado lleno
la Contrarreforma se pierde en los corredores de una favela
o en un claro entre las barracas del Salario,
ente las piernas de niños que juegan fútbol,
uno de los cuales ya se llamará Locke, y Hume otro,
y el Siglo de las Luces tendrá el olor de cables de cobre.

Piena del Tevere

Pensi forse a come sarebbe
se l'acqua chiudesse per intero il foro
sotto le arcate del ponte Milvio,
a quale tomba di oscurità e fragore
darebbe forma ingrossandosi,
trascinando nel suo cammino
oggetti raccolti in vari luoghi,
presi da un'insenatura a monte,
strappati a un barcone alla deriva,
abbandonati da uno stormo di uccelli.
Sarebbe come una memoria
impossibile da cancellare del tutto
e però condotta lungo uno scivolo:
quando fa buio ci si affida ai ricordi
e l'odore del fango impastato con i tralci
culla le immagini e l'orma dei corpi.
Viaggiando in direzione della foce
alzeresti la testa, ti stupiresti
di quelli affacciati alle murate a guardare
a squadernare gli appunti fin lì presi.

Crecida del Tévere

Quizá piensas cómo sería
si el agua cerrase por completo el foro
bajo las arcadas del puente Milvio,
a qué tumba de oscuridad y fragor
daría forma al engrosarse,
arrastrando en su camino
objetos recogidos en varios lugares,
tomados de una ensenada río arriba,
arrancados de una barcaza a la deriva,
abandonados por una bandada de pájaros.
Sería como un recuerdo
imposible de cancelar del todo
y que sin embargo desciende por una rampa:
cuando está oscuro nos confíamos a los recuerdos
y el olor a fango empastado con los sarmientos
acuna las imágenes y la horma de los cuerpos.
Viajando hacia la desembocadura
alzarías la cabeza, te asombrarías
de aquellos asomados a las amuradas mirando
desencuadernando los apuntes tomados hasta entonces.

Circe a Piazzale Clodio

Attraversando l'incrocio deserto
i fari nascondono, più che svelare:
ai lati della carreggiata, infatti,
l'ombra smangia i contorni,
taglia le strade e gli edifici,
affolla il marciapiedi di attonimenti.
Più su, nel bosco alle pendici di Monte Mario,
gli orsi, cinghiali e lupi che furono già uomini,
e se la maga sogghigna, complice la notte,
a noi non resta che aspettare il giorno dopo
per fare la conta di chi si è smarrito,
chi non è mai andato, o se pure,
ha avuto poi la forza di strisciare fino a casa.

Circe en la Plaza Clodio

Atravesando el cruce desierto
los faros esconden, más que revelar:
del lado de la calzada, de hecho,
la sombra corroe los contornos,
corta las calles y los edificios,
atesta la acera de asombros.
Más abajo, en el bosque de las laderas del Monte Mario,
los osos, jabalíes y lobos que ya fueron hombres,
y si la maga se ríe burlona, con la noche cómplice,
no nos queda sino esperar el día siguiente
para hacer la cuenta de quién se perdió,
quién no fue nunca, o si antes bien,
tuvo luego la fuerza de arrastrarse hasta la casa.

Che non c'è

Succede nella strada ancora sgombra
ripulita dal primo vento freddo
da un furgoncino del servizio di nettezza.
Uno se ne sta in piedi contro la spalliera della panchina
con un tascabile che tiene con una sola mano
come un tempo il curato con il suo breviario.
Due ragazze gli passano accanto, senza guardarlo,
oppure è il bancomat all'angolo che ha un rigurgito,
ma l'uomo resta immobile, forse nemmeno legge,
è come se fosse passata su di lui una tempesta d'ore:
vive in un luogo diverso, adesso, quest'altro è perso.

Que no está

Sucede en la calle todavía vacía
aseada por el primer viento frío
por una furgoneta del servicio de limpieza.
Un hombre está de pie contra el respaldar del banquillo
con un libro de bolsillo que sostiene con una mano
como en un tiempo el párroco con su breviario.
Dos muchachas le pasan cerca, sin mirarlo,
o bien es el cajero automático de la esquina que regurgita,
pero el hombre se queda inmóvil, quizá ni siquiera lee,
es como si hubiera pasado sobre él una tempestad de horas:
vive en otro lugar, ahora, este otro está perdido.

Un tempo era il re

Attraversi di notte una piazzetta
affrettando il passo: in un edifico antico,
tra una macchina parcheggiata male
contro lo stipite di una chiesa
e la porta di una bottega chiusa
resta una luce in una finestra bassa,
quasi sempre oltre le sbarre a losanga
e il vetro che sembra metallo liquido.
C'è un movimento nell'aranciogiallo,
come se stessero ancora lavorando,
riponendo gli oggetti sugli scaffali
o qualcuno —una donna non più giovane—
raccontasse ad altri i fatti della giornata.
Ti sgomenta questa pozza di deserto
nel pieno della città, tuttavia
non ti fermi, non rallenti nemmeno,
ti allontani come un sospettato in fuga
e quando sei dall'altra parte,
oltre il ponte, ti raggiunge la notizia
che hanno visto un orso bruno aggirarsi
per i vicoli cinquecenteschi, alzarsi sulle zampe,
le fauci aperte, ma senza alcun ruggito.

En un tiempo era el rey

Atraviesas de noche una placita
apurando el paso: en un antiguo edificio,
entre un carro mal estacionado
contra la jamba de una iglesia
y la puerta de una tienda cerrada
queda una luz en una ventana baja,
casi siempre más allá de los barrotes en losange
y el vidrio que parece metal líquido.
Hay un movimiento en el amarillo-naranja,
como si todavía estuviesen trabajando,
colocando de nuevo los objetos sobre los estantes
o alguien −una señora que ya no es joven−
le contase a los otros los hechos del día.
Te consterna este charco de desierto
en medio de la ciudad, sin embargo
no te detienes, ni siquiera aminoras el paso,
te alejas como un sospechoso en fuga
y cuando estás al otro lado,
más allá del puente, te llega la noticia
de que han visto un oso pardo merodear
por los callejones del XVI, alzarse sobre las patas,
abiertas las fauces, pero sin rugido alguno.

Enea

Circondato da un patrimonio di buste di plastica
presiede sul territorio in coda al trenta express
e consulta l'altro sé che lo guarda riflesso nei vetri.
Qualcuno entra, passa oltre, scuote la testa,
pochi abbozzano l'insulto di un naso arricciato,
come se la passatoia stesa lungo il corridoio
tracciasse un confine arduo da calpestare.
Eppure la donna all'altro capo del veicolo
stira le braccia, strizza un occhio da lontano,
si erge in tutta la lunghezza del suo metro e sessanta
e gli scaglia contro l'anatema che paventava:
lui trema, una goccia brilla tra i peli del mento,
abbranca come può le borse, affronta l'assalto,
chiedendosi dove sia Pallante, perché non torni.

Eneas

Rodeado de un patrimonio de bolsas de plástico
preside sobre el territorio al final del treinta express
y consulta al otro sí mismo que lo mira reflejado en los vidrios.
Alguien entra, pasa más allá, sacude la cabeza,
pocos esbozan el insulto de una nariz torcida,
como si la alfombra tendida a lo largo del corredor
trazase un confín difícil de pisotear.
Sin embargo la señora al otro extremo del vehículo
estira los brazos, entrecierra un ojo desde lejos,
se yergue a todo lo largo de su metro sesenta
y lanza contra él el anatema que se temía:
él tiembla, una gota brilla entre los pelos del mentón,
aferra como puede las bolsas, enfrenta el ataque,
preguntándose dónde está Palante, por qué no vuelve.

Sala da tè

Nella sala galleggiano isole di luce gialla
rotonde sopra tavoli quadrati o circolari,
lacca nera e mani bianche messe a ventaglio
nella pantomima di sedute spiritistiche
e i discorsi girano tutti sulla contabilità
sui piani industriali e i contributi non versati.
Mentre fuori il cielo fa una curva livida
eppure luminosa, tra le facciate di mattone
(architettura del ventennio, rassicurante),
dentro si susseguono le tabelle sui laptop
e l'impossibile domanda di un imprenditore
se possa evitare la multa e le denunce,
e in un angolo, difesi dalle stesse spalle,
il ragazzo e la compagna chini sui quaderni,
impegnati a decifrare il vecchio marinaio.
Lui alza gli occhi, ha lo sguardo confuso,
non capisce perché la barba grigia,
l'altra finge di sorridere, la verità
è che nemmeno lei sa la risposta,
ed è allora che entra Coleridge
e tutto prende un significato,
ma è tardi, fra poco chiuderanno.

Sala de té

En la sala flotan islas de luz amarilla
redondas sobre mesas cuadradas o circulares,
laca negra y manos blancas puestas en abanico
en la pantomima de sesiones espiritistas
y todos los discursos giran en torno a la contabilidad
los planes industriales y los aportes no depositados.
Mientras afuera el cielo hace una curva lívida
pero luminosa, entre las fachadas de ladrillo
(arquitectura del veintenio, tranquilizante),
dentro se suceden las tablas en el laptop
y la imposible pregunta de un empresario
de si puede evitar la multa y las denuncias,
y en una esquina, defendidos por sus propios hombros,
el chico y su compañera inclinados sobre cuadernos,
empeñados en descifrar el viejo marinero.
Él alza los ojos, tiene la mirada confusa,
no entiende por qué la barba gris,
la otra finge sonreír, la verdad
 es que ni ella sabe la respuesta,
y es entonces cuando entra Coleridge
y todo adquiere significado,
pero es tarde, dentro de poco cierran.

Graffiti

Il muretto ricoperto per intero di graffiti
è la parete di una cella,
anche all'aria aperta, così come la vedi,
non troppo distante dal ponte Milvio.
Devono essere passati di qui i condannati
—decine, a giudicare dalle calligrafie—
desiderosi di affidare al tempo l'onta
o solo il dolore dei giorni incatenati,
il disprezzo per chi è dall'altra parte,
la noia per una leggerezza abbandonata.
Mandandosi a quel paese con parole oscene
o insultandosi con metafore feroci
gridano il consumarsi dei desideri,
se è vero che ad ogni unghiata sull'intonaco
lasciano a terra un cadavere, uno sguardo,
la declinazione di un'appartenenza indivisibile.

Graffiti

El murito totalmente recubierto de graffiti
es la pared de una celda,
incluso al aire libre, así como la ves,
no muy distante del puente Milvio.
Deben haber pasado por aquí los condenados
–decenas, a juzgar por las caligrafías–
Deseosos de confiar al tiempo la vergüenza
o sólo el dolor de los días encadenados,
el desprecio por el que está del otro lado,
el tedio por una ligereza abandonada.
Mandándose al infierno con palabras obscenas
 o insultándose con metáforas feroces
gritan el consumirse de los deseos,
si es cierto que con cada arañazo sobre el friso
dejan por tierra un cadáver, una mirada,
la declinación de una pertenencia indivisible.

Al Trionfale

Si consumano –dice la donna nel mercato–
fino a che restano le fibre e poco altro,
e non si capisce se parli di uomini o verdure,
se lì attorno lo strascicarsi di piedi e di carrelli
alluda come fraseggio a un tempo prossimo,
quando tutto questo spazio sarà vuota eco.
La fioraia, seduta con gli avambracci sulle ginocchia,
afferma che i filosofi non hanno ancora capito
e che il pavimento striato di residui e olio
assomiglia al nostro volto più di ogni trattato:
lo vede – osserva – se lei passa il rasoio sulle guance
porta via gambi di sedano e girasoli,
e quel che resta è pura essenza, è il suo spirito.
Però non ci si specchia nel linoleum opaco,
sarebbe troppo facile, come nel tepore del suo bagno:
qui invece è solo con se stesso, deve nuotare.

Al Trionfale

Se consumen —dice la señora en el mercado—
hasta que quedan las fibras y poco más,
y no se entiende si habla de hombres o verduras,
si por allí el arrastrarse de pies y de carritos
alude como fraseo a un tiempo próximo,
cuando todo este espacio será eco vacío.
La florista, sentada con los antebrazos en las rodillas,
afirma que los filósofos todavía no han entendido
y que el pavimento estriado de residuos y aceite
se asemeja a nuestro rostro más que cualquier tratado:
lo ve —observa— si usted pasa la afeitadora por las mejillas
se lleva tallos de apio y girasoles,
y lo que queda es pura esencia, es su espíritu.
Sin embargo uno no se refleja en el linóleo opaco,
sería muy fácil, como en la tibieza de su baño:
aquí en cambio esta sólo consigo mismo, debe flotar.

Visitazione

Sempre nello stesso slargo, tra un Reni e uno Zuccari,
osservo passare il furgoncino di un fornaio,
avverto –quasi– la scia dei pani lievitati,
lo zigzagare delle ruote sui sampietrini smussati.
Esce da un negozio una ragazza carica di borse
e gli azzurri che le svolazzano attorno, e pure un amaranto,
restano sospesi per un po', per la meraviglia di noialtri.

Visitación

Siempre en el mismo ensanche, entre un Reni y un Zuccari,
observo pasar la furgoneta del panadero,
percibo —casi— la estela de los panes leudados,
el zigzaguear de las ruedas sobre los adoquines biselados.
Sale de una tienda una muchacha cargada con bolsas
y los azules que le revolotean entorno, e incluso un amaranto,
quedan suspendidos por un instante, maravilla para nosotros.

Un altro luogo
(romanzo breve)

Una radio americana
—in streaming su i-tunes, dice l'oste—
attraversa le sale del ristorante.
Jazz classico, anche bossa nova,
e i consigli sull'uso del cellulare al volante
(con gli headphones, dice la voce femminile,
o con gli altri devices
di cui sono provviste le auto di oggi).
Filetto cotto al sangue sul piatto, coltello buono,
tre o quattro tavoli occupati:
una vecchina fatta di artrosi,
rattrappita nella sua veste bianca
e nella pettinatura tinta di biondo timido
(di lei sapremo poi che conta le monete sul palmo della mano,
di una sospetta che sia caduta in terra, sotto un mobile,
e chiede impaurita il prezzo di un contorno,
rinunciandovi poi con un gesto silenzioso);
l'omone con una corona di cerotti sul cranio rasato
parla con una donna, madre o moglie,
alternando lunghe frasi in arabo
ad altre in un italiano sciolto, un po' romano;
un quarto invece scrive sul taccuino
a tratti si interrompe per sfogliare un volumetto,
è solo e si guarda attorno nella sala quasi vuota.
Tintinna il metallo sul cotto del pavimento,
la vecchietta si alza a fatica, trasporta una forchetta
come se fosse enorme, a spall'arm,
con il gomito e il polso piegati a due opposte angolature,
che dà dolore anche solo guardarla.
La porterebbe fino in cucina, per cambiarla,
se non la intercettasse il proprietario
—era al telefono: sei una bella stronza, dice e ride,

Otro lugar
(novela breve)

Una radio americana
—en *streaming* por i-Tunes, dice el mesonero—
atraviesa las salas del restaurante.
Jazz clásico, también bossa nova,
y los consejos sobre el uso del celular al volante
(con los *headphones*, dice la voz femenina,
o con los otros *devices*
que poseen los autos de hoy).
Filete poco cocido sobre el plato, buen cuchillo,
tres o cuatro mesas ocupadas:
una anciana hecha una artrosis,
entumecida en su vestido blanco
y en el peinado teñido de rubio tímido
(de ella sabremos luego que cuenta las monedas en la palma
    de la mano,
sospecha que una se haya caído al suelo, debajo de un mueble
y pregunta aterrada el precio de un contorno,
renunciando a él luego con un gesto silencioso);
el hombrón con una corona de curitas en el cráneo afeitado
habla con una señora, madre o esposa,
alternando largas frases en árabe
a otras en un italiano suelto, un poco romano;
un cuarto en cambio escribe sobre una libreta
por momentos se interrumpe para hojear un librito,
está solo y mira alrededor en la sala casi vacía.
Tintinea el metal en la terracota del pavimento,
la anciana se levanta con dificultad, lleva un tenedor
como si fuese enorme, ¡al hombr…arm…!,
con el codo y la muñeca plegados en dos ángulos opuestos,
que da dolor con sólo mirarla.
Lo llevaría hasta la cocina, para cambiarlo,
si no la interceptara el propietario

vieni, porta chi vuoi, ti pare che io faccia storie.
Non è cosa, esplode l'uomo dei cerotti,
io gliel'ho detto, se ci prova lo gonfio, eccome,
e la moglie lo calma in arabo, o forse è turco
o è una lingua dei Balcani, ma qui importa il tono,
una specie di cantilena che lo arresta.
La vecchina racconta al titolare —o parla per sé—
che non può più mangiare molto, vista l'età,
perciò non vuole altro, il conto è di sei euro
e io mi chiedo cosa possa avere mai preso
con una somma simile, e come sia possibile
che si faccia anche incartare i resti.
La scuola non è più la stessa, dice ancora,
adesso ci sono tutti questi libri strani
e gli altri strumenti che secondo me non servono.
Di solito il vantaggio è che non c'è pubblicità,
spiega il proprietario a un'altra coppia
nascosta nella penombra della seconda sala,
e si capisce che parla della radio americana.
Fate attenzione alla tormenta di neve,
avvisa una bella voce femminile,
e mette in scena strade di un altro mondo
che si perdono lontane, tra boschi di conifere,
in un silenzio vagamente azzurro,
dove anche le impronte alla fine si cancellano.

–hablaba por teléfono: eres bien necia, dice y ríe,
ven, trae a quien quieras, ¿te parece que pongo objeciones?
No hay discusión, explota el hombre de las curitas,
se lo dije, si intenta algo lo hincho, ya verá,
y la mujer lo calma en árabe, o quizá en turco
o es una lengua de los Balcanes, pero lo que importa es el tono,
una especie de cantinela que lo detiene.
La anciana le cuenta al dueño –o habla para sí–
que ya no puede comer mucho, dada la edad,
por eso no quiere más nada, la cuenta es de seis euros
y yo me pregunto qué puede haber pedido
con una tal suma, y cómo es posible
que haga que le envuelvan los restos.
La escuela ya no es la misma, dice de nuevo,
ahora están todos estos libros extraños
y los otros instrumentos que en mi opinión no sirven.
A menudo la ventaja es que no hay publicidad,
explica el propietario a otra pareja
oculta en la penumbra de la segunda sala,
y se entiende que habla de la radio americana.
Atención a la tormenta de nieve,
avisa una bella voz femenina,
y pone en escena calles de otro mundo
que se pierden lejanas, entre bosques de coníferas
en un silencio vagamente azul,
donde incluso las huellas al final se borran.

ROTHKO EN EL MALECÓN

ROTHKO SUL LUNGOMARE

Un pesce

Ognuno che si è sporto fuori bordo ha visto la traccia
d'olio e iridescenza sul verdastro dell'acqua
e di lì, o meglio sotto, l'ombra fugace di un dorso,
una forma appena di siluro, che poi è fuggita,
ed è bastata a darci il segno di un altrove,
la minaccia sospesa di non avere notizie di domani.

Un pez

Todo el que se ha asomado por la borda ha visto la traza
de aceite e iridiscencia en el verdoso del agua
y de allí, o mejor debajo, la sombra fugaz de un dorso
apenas una forma de torpedo, que luego se fugó
y bastó para darnos la señal de un otro-lugar
la amenaza inminente de no tener noticias de mañana.

Arcadia

Acquattato
io nell'ombra di un castagno, sulla collina,
giocando a nascondino con i bambini,
dubbioso che la forma di una nuvola
possa trascendere quella di una papera
e farsi invece continente, paese troppo vasto,
un luogo nel quale poi si cada, a testa in su,
come figurine di un ritaglio di Magritte.

Arcadia

Agazapado
yo en la sombra de un castaño, en la colina,
jugando al escondite con los niños,
dudando que la forma de una nube
pueda trascender la de una oca
y hacerse en cambio continente, país demasiado vasto,
un lugar en el que luego uno caiga, boca arriba,
como barajitas de un recorte de Magritte.

Racconto interrotto

Così tu dici, interrompendo il mio racconto
—sono io di solito che tendo a divagare—
e ridi mentre un autobus inquina intorno
e nasconde l'immagine di un uomo canuto
in dinner jacket e cravatta nera alle dieci del mattino,
fermo in mezzo all'incrocio, sulle zebre,
con una scatola di cioccolatini in mano.
Riprendi, mi dici, da dov'eri rimasto,
e non dargli troppe pene, il personaggio è bello.

Relato interrumpido

Así dices, interrumpiendo mi relato
—a menudo soy yo quien tiende a divagar—
y ríes mientras un autobús contamina alrededor
y esconde la imagen de un hombre canoso
en *dinner jacket* y corbata negra a las diez de la mañana,
detenido en medio del cruce, en el paso peatonal,
con una caja de bombones en la mano.
Prosigue, me dices, de donde te habías quedado
y no le inflijas muchas penas, el personaje es bello.

Ragazza tutta in turchese

Avanza, ragazza tutta in turchese
—camicia, zainetto, magari altre cose—
vienimi incontro dall'altro lato della strada:
quanti anni avrai, l'età avrà cominciato
ad accorciarti i giorni, o sei tuttora
nell'immortalità che ci era stata millantata?
Sorridi, getta pure via quel broncio,
lascialo a noialtri, oppure affiggilo
nel tuo riflesso dentro la vetrina,
tra le forme di pane, i biscotti ed i cornetti.
Si è alzato un merlo mezzo spiumato,
sporco di smog, infastidito dal traffico,
lontano dalle arcadie e dalle metafore usurate.
Tu non lo guardi, figurati, secondo me borbotti
la risposta a un'interrogazione, la formula di un gioco,
e io spero che non sia nulla di virtuale,
che non c'entrino i profili di un social network,
che ci sia carne da stringere, anche da maciullare,
baci da dare o respingere al mittente,
cose serie, insomma, per le quali piangere
e disperarsi, e di cui sorridere un domani,
quando sarai lacerata dalle ferite,
distesa su un lenzuolo a casa o di ospedale,
ma con una sfumatura dolce di color turchese.

Muchacha toda en turquesa

Avanza, muchacha toda en turquesa
—camisa, morral, quizá otras cosas—
ven a mi encuentro del otro lado de la calle:
¿cuántos años tendrás, habrá comenzado
la edad a recortarte los días, o estás todavía
en la inmortalidad de la que tanto nos alardeaban?
Sonríe, sí, lanza lejos aquella mueca,
déjala para nosotros, o bien pégala
a tu reflejo en la vitrina,
entre las formas de pan, las galletas y los croissants.
Alzó el vuelo un mirlo medio desplumado,
sucio de smog, molesto por el tráfico,
lejos de las arcadias y de las metáforas gastadas.
Tú no lo miras, imagínate, pienso que mascullas
la respuesta a una pregunta, la fórmula de un juego,
y yo espero que no sea nada virtual,
que no entren allí los perfiles de un *social network*,
que haya carne para abrazar, incluso para machacar,
besos para dar o devolver al remitente,
cosas serias, en suma, por las cuales llorar
y desesperarse, y de las cuales sonreír una mañana,
cuando estarás lacerada por las heridas,
tendida en una sábana en casa o de hospital,
pero con una gradación dulce color turquesa.

Ventiquattr'ore

Quasi ogni giorno, sulla poltroncina dirimpetto,
all'altro lato della scrivania e del mio posto,
siede la mia valigetta di pelle ventiquattr'ore,
dove si mettono di solito gli ospiti venuti a conferire.
Dalla sua bocca aperta fa capolino una lingua di carte,
e lei è sempre lì, sul punto di mettersi a parlare:
lo faccia, penso, e me la immagino
che chiacchiera di viaggi mai compiuti e di sedili di autobus
e di quel signore che per poco non inciampò sul predellino
o della vecchia che malediceva tutte le generazioni.
Il fatto è che tuttavia tace.

Veinticuatro horas

Casi todos los días, sobre la butaca de enfrente,
al otro lado del escritorio y de mi puesto,
se sienta mi maletita de piel veinticuatro horas,
donde suelen sentarse los huéspedes que vienen a entrevistarse.
De su boca abierta se asoma una lengua de papeles,
y ella siempre está allí, a punto de ponerse a hablar:
que lo haga, pienso, y me la imagino
charlando de viajes nunca concluidos y de asientos de bus
y de aquél señor que por poco tropieza en el escalón
o de la anciana que maldecía todas las generaciones.
El hecho es que al contrario calla.

Anacoluto

Nel precipitare in una canaletta
ci specchiamo nell'illusione di essere randagi
sull'asfalto in mezzo a due file di alberelli

Anacoluto

En el precipitar en un brocal
nos espejeamos en la ilusión de ser vagabundos
sobre el asfalto en medio de dos hileras de álamos

Pensando ad altro, a tavola

Mi incuriosisce sempre il gesto
delle mani che accarezzano un bordo
—del piatto, di un libro, di un colloquio—
e scivolano poi nella stasi
come se prima non vi fosse nulla
e la mia percezione fosse stato inganno.
Ero distratto, mi dicono, come in altro luogo,
e per questo ho immaginato chissà che cosa.
Non sarà così la prossima volta, rispondo,
e già sorvolo sui nuovi discorsi,
su quello che sta accadendo qui.

Pensando en otra cosa, en la mesa

Me intriga siempre el gesto
de las manos que acarician un borde
—del plato, de un libro, de un coloquio—
y se deslizan luego en la estasis
como si antes no hubiese nada allí
y mi percepción hubiese sido un engaño.
Estaba distraído, me dicen, como en otra parte,
y por eso imaginé quién sabe qué cosa.
No será así la próxima vez, respondo,
y ya paso por alto los nuevos discursos,
lo que está sucediendo aquí.

Nel Maxxi

Nel museo i bimbi seduti in circolo
guardano le trombe di Kapoor,
ascoltano la ragazza che fa da guida,
disegnano, anche, sui loro album
e pensano che dai tubi neri
usciranno topolini a frotte
o degli uomini pazienti, calvi,
che portano notizie dall'altro tempo.
Ci arriveremo anche noi, si dicono,
e ritroveremo questa stanza.

En el Maxxi

En el museo los niños sentados en círculo
miran las trompetas de Kapoor,
escuchan a la muchacha que sirve de guía,
dibujan, también, en sus blocs
y piensan que de los tubos negros
saldrán ratoncitos en bandadas
o unos hombres pacientes, calvos,
que traen noticias del otro tiempo.
También llegaremos nosotros, se dicen,
y encontraremos este cuarto.

Rothko sul lungomare

Come
tracciano le linee i pittori sull'asfalto,
l'azzurro, il bianco e il giallo,
e come strisciano le ruote di una bicicletta
sotto la pedalata di un bambino:
è un'astrazione, dici,
oppure hanno sospeso i gesti.

Rothko en el malecón

Como
trazan las líneas los pintores sobre el asfalto,
el azul, el blanco y el amarillo,
y como se arrastran las ruedas de una bicicleta
bajo el pedaleo de un niño:
es una abstracción, dices,
o bien han suspendido los gestos.

Causa ed effetto

Mi ero accorto, ieri, di certi corvi
scesi dai cornicioni, giù in strada,
nel mezzo di un incrocio.
Incuranti degli scatti dei semafori
le macchine erano rimaste immobili.
Mi piaceva guardare la ragazza
che tormentava i capelli tra le dita,
mentre raccontava, o spiegava le ragioni.

Causa y efecto

Había notado, ayer, ciertos cuervos
que bajaban de las cornisas, abajo a la calle
en medio de un cruce.
Despreocupados de los clics de los semáforos
los carros se habían quedado inmóviles.
Me gustaba mirar a la muchacha
que torturaba los cabellos entre los dedos,
mientras contaba, o explicaba las razones.

Ma non è Delft

Le inattese placche di luce sulle case, in alto,
dove a fatica arrivano gli occhi,
come ragni che si arrampicano;
di lassù, scendendo sul basalto zuppo,
spennellano l'irragionevole del sogno.

Pero no es Delft

Las inesperadas placas de luces sobre las casas, a lo alto,
a donde con dificultad llegan los ojos,
como arañas que trepan;
de allá arriba, descendiendo sobre el basalto empapado,
pintan lo irracional del sueño.

La casa dei nonni

L'ho pensato ieri: aprire uno dopo l'altro i cassetti
e scegliere tra le cose che vi erano rimaste dentro
(di solito un rocchetto di cotone, nastro adesivo,
tronchi di matita, monete d'infimo valore)
trovando quella che serviva alla bisogna.
Sarebbe stata l'impronta di una mareggiata,
il verso della folaga tra le canne in riva al lago
o una pallonata di plastica arancione contro il muro,
in ogni caso oggetti in grado di spingermi
fuori in giardino, sulle mattonelle di cemento.
Lì ruppi il mio setto nasale, studiai gli alberi,
battei Eddy Merckx più volte in cima al Mont Ventoux,
e questa sera avrei bisogno dello stesso verso
per guardare giù dal tetto, come in un telescopio.

La casa de los abuelos

Lo pensé ayer: abrir una tras otra las gavetas
y escoger entre las cosas que habían quedado dentro
(a menudo una bobina de algodón, cinta adhesiva,
trozos de lápiz, monedas de ínfimo valor)
hasta encontrar la que servía para la necesidad.
Habría sido la huella de una marejada,
el canto de la focha entre las cañas a orillas del lago
o un balonazo de plástico anaranjado contra el muro,
en todo caso objetos capaces de empujarme
fuera al jardín, sobre las losas de cemento.
Allí me rompí el tabique nasal, estudié los árboles,
batí a Eddy Merckx varias veces en la cima de Mont Ventoux,
y esta noche necesitaré el mismo canto
para mirar hacia abajo del techo, como en un telescopio.

MANUAL DE ENTOMOLOGÍA

MANUALE DI ENTOMOLOGIA

Le gambe della cicala
Tibicen haematodes

Mi consola poter guardare una parete vuota
scorgere nel tessuto bianco della sua vernice
l'assenza di ortografie e sintassi
sapere che è stato disposto che nessuno
—né tu, né io, e nemmeno nuovi filosofi—
possa riempire le caselle, spingersi oltre
un incesto tra cruciverba e vocabolari
e che soltanto il movimento delle tue gambe
potrà risvegliarmi, il fruscio che sulla tua pelle
produce un suono come canto di cicala.

Las piernas de la chicharra
Tibicen haematodes

Me consuela poder mirar una pared vacía
distinguir en el tejido blanco de su barniz
la ausencia de ortografías y sintaxis
saber que ha sido dispuesto que nadie
—ni tú, ni yo, y ni siquiera nuevos filósofos—
pueda llenar las casillas, empujarse más allá
de un incesto entre crucigramas y vocabularios
y que sólo el movimiento de tus piernas
podrá despertarme, el susurro que sobre tu piel
produce un sonido como canto de chicharra.

Lucciola incompiuta
Luciola italica

Che non mi chiama: questo l'ho capito dal principio.
Il suo verde è una pluralità di accecamenti innocui
senza che resti nemmeno una traccia oltre la retina
o tra i coni e i bastoncelli, riflessa all'incontrario.
Adora il buio, la lucciola incompiuta,
disegna noncurante dell'assenza di cartoncini e tele,
come se lo svanire dell'opera sua, tra qualche istante,
fosse il ricordo più incisivo, il manrovescio sull'aorta.

Luciérnaga incompleta
Luciola italica

Que no me llama: eso lo entendí desde el principio.
Su verde es una pluralidad de enceguecimientos inocuos
sin que quede ni siquiera una traza más allá de la retina
o entre los conos y los bastoncillos, reflejada al revés.
Adora la oscuridad, la luciérnaga incompleta,
dibuja despreocupada de la ausencia de lienzos y cartulinas,
como si el desvanecerse de su obra, luego de unos instantes,
fuese un recuerdo más incisivo, la bofetada a la aorta.

Il trionfo della mantide
Mantis religiosa

Che se poi prega o non prega non ci è dato sapere
né è facile penetrare nella testa delle creature aliene
e in questa, specialmente, occupata da ipertrofici occhi
di altre costellazioni, chissà da quando quaggiù atterrati.
Tace, come se il suo silenzio fosse più puro che negli altri,
e l'immobile postura fosse commento all'ombra lungo il viale,
dove noi passando arrovesciamo le nostre sagome nel sole.
La crudeltà della femmina disposta a divorare
è il comma aggiunto novellando le pandette erotiche,
mettendo dove non c'è più spazio per innamoramento.
Ahi, afferro i lembi del tuo torace, li avvicino al mio,
sento che ti ho vinta, che ho preso il mio trionfo,
e non mi accorgo, idiota come sono,
che nel bacio spalanchi intere le tue fauci.

El triunfo de la mantis
Mantis religiosa

Que si luego reza o no reza no nos es dado saberlo
ni es fácil penetrar en la cabeza de las criaturas ajenas
y en esta, en especial, ocupada por ojos hipertrofiados
de otras constelaciones, quién sabe cuándo aterrizados aquí.
Calla, como si su silencio fuese más puro que en los otros,
y la postura inmóvil, comentario a la sombra a lo largo de la avenida,
donde al pasar invertimos nuestras siluetas al sol.
La crueldad de la fémina dispuesta a devorar
es el párrafo añadido que enmienda las pandectas eróticas,
agregando donde ya no hay más espacio para enamorarse.
Ay, aferro los miembros de tu tórax, los acerco al mío,
siento que te vencí, que alcancé mi triunfo,
y no me doy cuenta, idiota que soy,
que en el beso extiendes enteras tus fauces.

La delusione del bombo
Bombus hortorum

Troppi mesi spesi senza costrutto
edificando illusorie chiese
certi che ci saremmo travestiti
come l'invitato alla festa di un altro
violando fiori, strappando petali
incapaci di produrre anche un gesto
e ignorando ormai il ticchettio del tempo c
he non misurava più: era il nemico dentro.

La decepción del abejorro

Bombus hortorum

Demasiados meses gastados sin concretar
edificando iglesias ilusorias
convencidos de que nos habremos trasvestido
como el invitado a la fiesta de otro
violando flores, arrancando pétalos
incapaces de producir incluso un gesto
e ignorando en adelante el golpeteo del tiempo
que ya no medía: era el enemigo adentro.

Strategia della cetonia
Cetonia aurata

Mi ci vedo, nella tua pelle, condivido la corazza
che hai scelto per nasconderti allo sguardo
venendomi incontro, proprio come Bradamante.
Come lei, brandendo il ferro dall'elsa con le due mani
mi baci deflorando l'usbergo delle labbra, canaglia,
sapendo che stai per trasformarti in una fuggitiva.
Guardo il cielo specchiarsi sulla superficie del metallo,
un cofano di oro verde, chiuso, senza il motore,
e so già che questa strada avrà molti autogrill
che faremo soste per osservare briciole di asfalto
incantati dal disegno del calore tra le ombre
abbacinati dalla cangianza del petrolio versato
dagli arcobaleni che tracciano zig zag sulle pozze
dall'idea che adesso si fa strada dentro di me:
che tu sei l'elitropia della novella, che chi la porta addosso
non è veduto da alcuno dove non è.

Estrategia de la cetonia

Cetonia aurata

Allí me veo, en tu piel, comparto la coraza
que has escogido para esconderte de la mirada
viniendo a mi encuentro, justo como Bradamante.
Como ella, blandiendo a dos manos el hierro por el mango
me besas desflorando la armadura de los labios, canalla,
sabiendo que estás a punto de transformarte en fugitiva.
Veo el cielo espejearse en la superficie del metal,
un capó de oro verde, cerrado, sin motor,
y ya sé que esta calle tendrá muchos paradores
que haremos pausas para observar migas de asfalto
encantados por el diseño del calor entre las sombras
deslumbrados por la iridiscencia del petróleo derramado
por los arcoiris que trazan zigzags en los pozos
por la idea que ahora se abre camino en mí:
que eres el heliotropo del cuento, que quien lo lleva consigo
nadie puede verlo donde no esté.

La fatica del maggiolino
Melolontha melolontha

Ti porto nei miei gironzolare invano
sui ponti che guardano gli specchi a rovescio
solleticandoti con dita che sono vibrisse
sul carapace croccante, rotondo per illusione,
quello che ricopre il cuore e gli altri organi
e rifiuta di comprendere i miei gesti:
vienici a tua volta, se vuoi auscultarmi,
berremo vini dolci da bicchieri senza bordo
satureremo le insegne della vita invano
prima di scendere al fiume, ai porti,
nei luoghi che contengono il segno dei rimpianti.

La fatiga del escarabajo
Melolontha melolontha

Te llevo en mis deambulares en vano
por puentes que miran los espejos al revés
cosquilleándote con dedos que son vibrisas
sobre el caparazón crujiente, redondo por ilusión,
el que recubre el corazón y los otros órganos
y se rehúsa a comprender mis gestos:
vente a tu vez, si quieres auscultarme
beberemos vinos dulces en vasos sin borde
saturaremos las insignias de la vida en vano
antes de bajar al río, a los puertos,
en los lugares que contienen el signo de los arrepentimientos.

La banalità dell'ape
Apis mellifera

Non mi sarei nemmeno arreso all'evidenza
che potessi aver ragione tu, naturalmente,
se non fosse stato per l'incedere dei giorni
lo scorrere del calendario oltre le pietà
la scoperta che era tornata di nuovo l'estate
e non avevo ancora deciso che viaggio fare
se migrare o rimanere o tornare a chiudermi a
nutrirmi del tuo miele, dell'unico che ho.

La banalidad de la abeja
Apis mellifera

Ni siquiera me habría detenido en la evidencia
de que pudieras tener razón tú, naturalmente,
si no hubiera sido por la majestuosidad de los días
el transcurrir del calendario más allá de la piedad
 el descubrir que había vuelto otra vez el verano
y todavía no había decidido qué viaje hacer
si migrar o quedarme o volver a encerrarme
a nutrirme de tu miel, de lo único que tengo.

Il veleno del calabrone
Vespa crabro

Simile allo strappo della morte
feroce come l'ottenebrare i sensi
dilaniarli farne tutto un grido
e poi il silenzio la respirazione
che solleva il petto e lo riabbassa
lo spinge a cercare le radici
delle nervature (la scintilla
nascosta proprio a metà strada
tra l'ipofisi e il cervelletto).
Gli arti tumefatti tastano nel buio
ma quando afferrano posseggono
e sanno che la pace è un'esplosione.

El veneno del avispón
Vespa crabro

Semejante al desgarrón de la muerte
feroz como el oscurecer los sentidos
destrozarlos hacer de ellos un solo grito
y luego el silencio la respiración
que alza el pecho y lo vuelve a bajar
lo empuja a buscar las raíces
de las nervaduras (la chispa
oculta justo a medio camino
entre la hipófisis y el cerebelo).
Los miembros tumefactos palpan en la oscuridad
pero cuando aferran poseen
y saben que la paz es una explosión.

La formica e l'afide mellifero
Formica rufa, Macrosiphum rosae

Ci sono quelli specializzati negli incroci
che si mettono all'alba in mezzo agli edifici
tra quattro strade, deserte, a parte i furgoncini
del pane, dei giornali, della nettezza urbana
e qualche mattiniero che scappa verso il lavoro
o torna da una casa indebita, da un'avventura.
Lui, che se ne sta in piedi accanto a un semaforo,
osserva lo svolgimento delle cose, come cresce
il flusso delle persone, sale il traffico,
diventano meno soffuse le voci, e i suoni
si trasmettono meno chiari, nascosti
nella moltitudine dei passi o degli scoppi
e si sente meno solo, sa che in fondo
non è soltanto a lui che accadono i miracoli
che le luci lattee dietro le finestre
danno l'insonnia del rimorso, il desiderio d'altri.

La hormiga y el áfide melífero
Formica rufa, Macrosiphum rosae

Hay aquellos especialistas en los cruces
que se ponen al alba en medio de los edificios
entre cuatro calles, desiertas, excepto por las furgonetas
del pan, de los periódicos, de la limpieza urbana
o algún madrugador que huye hacia el trabajo
o vuelve de una casa ilícita, de una aventura.
Él, que se queda de pie junto a un semáforo,
observa el desarrollo de las cosas, cómo crece
el flujo de las personas, sube el tráfico,
se hacen menos teñidas las voces, y los sonidos
se transmiten menos claros, ocultos
en la multitud de los pasos o de los estallidos
y se siente menos solo, sabe que en el fondo
no es sólo a él que le ocurren los milagros
que las luces lácteas detrás de las ventanas
dan el insomnio del arrepentimiento, el deseo de otros.

Le scelte di una farfalla
Polyommatus icarus

Questa mattina nella strada sotto casa
un gelsomino si era appropriato
di un muro di brutti riquadri di cemento:
il suo profumo nell'afa delle sette
era un impromptu senza necessità di eredi,
il segno semmai che anche in questo giorno
qualcosa sarebbe avvenuto, una mossa
il movimento strascicato dell'alfiere
la probabilità di un cornicione gocciante
sopra il marciapiede, tra i negozi,
la macchia rotonda pesante dell'acqua
la coppia di zingari che trascina il carrello
e batte col bastone tra i resti di ieri sera.
Ma è dall'azzurro impensabile di un ibisco
che avrei voluto attingere le forze.

Las escogencias de una mariposa
Polyommatus icarus

Esta mañana en la calle que pasa por la casa
un jazmín se había apropiado
de un muro de feos recuadros de cemento:
su perfume en el bochorno de las siete
era un impromptu sin necesidad de herederos,
el signo si acaso de que también este día
algo habría pasado, una movida
el movimiento arrastrado del alfil
la probabilidad de una cornisa que gotea
sobre la acera, entre las tiendas,
la mancha redonda pesada del agua
la pareja de gitanos que arrastra el carrito
y golpea con el bastón entre los restos de anoche.
Pero es del azul impensable de un hibisco
que habría querido sacar las fuerzas.

Le oscure ragioni di una zanzara
Culex pipiens

Perché sai, non sai, sei sempre all'oscuro
dei motivi che la spingono alle scelte,
e più t'intestardisci a farne scienza
meno comprendi il meccanismo, i suoi scatti,
il cliccheggiare dei dentelli di una ruota
che fa scattare il carillon dell'ora,
farle dire che sì, che finalmente è.
Intanto ti ferisce senza dolore apparente,
una debolezza nel sangue, che aspiri via.

Las oscuras razones de un mosquito
Culex pipiens

Porque sépaslo o no, estás siempre en lo oscuro
de los motivos que lo impulsan a las elecciones,
y mientras más te empeñas en hacer ciencia con ellas
menos comprendes el mecanismo, sus clics,
el tiquetear de los dientes de una rueda
que hace disparar el carillón de la hora,
hacerla decir que sí, que al fin es así.
Entretanto te hiere sin dolor aparente,
una debilidad en la sangre, que al aspirar te llevas.

La persistenza del carabo d'Olimpia
Carabus Olympiae

Passando da un versante delle storie all'altro
(quelle che racconto, talvolta pure ascolto),
trovo che tu non abbia ancora rivelato molto:
della strada che devi aver attraversato al buio
del vuoto che hai scoperto attorno alle tue dita
dello spazio che lì, appunto, dici di afferrare
e sollevi poi per i polpastrelli, senza alcun peso,
spostandolo sull'altro fronte, dov'è il petto,
perché si agiti come un pupazzo fatto di vento
e ci convinca di essere davanti ad uno specchio.

La persistencia del escarabajo de Olimpia
Carabus olympiae

Pasando de un lado de las historias al otro
(las que cuento, quizá también escucho),
encuentro que todavía no has revelado mucho:
de la calle que debes haber atravesado a lo oscuro
del vacío que descubriste entorno a tus dedos
del espacio que allí, justamente, dices aferrar
y alzas luego por las yemas, sin ningún peso,
desplazándolo al otro frente, donde está el pecho,
para que se agite como muñeco hecho de viento
y nos convenza de estar ante un espejo.

L'alterigia del cervo volante

Lucanus cervus

Un mattino di buon'ora sulla circonvallazione
ho visto l'uomo delle bottiglie il suo spedito andare
la sua testa sparire e riaffiorare come tra le onde
cancellata a tratti dalle linee delle auto in corsa.
Tu invece sporgi con tutto il busto, fingi disagio,
come se non fossi parte del paesaggio e delle chiose
scarabocchiate a margine di ciascun foglio:
attraversa pure, lasci intendere senza una parola,
prendi l'altra strada, che scivola tra i platani,
e utilizza i cassonetti per gettare le tue pagine.

La altanería del ciervo volante
Lucanus cervus

Una mañana temprano en la circunvalación
vi al hombre de las botellas su andar expedito
su cabeza desaparecer y resurgir como entre las olas
borrada a ratos por las filas de los autos en marcha.
Tú en cambio asomas todo el busto, finges incomodidad,
 como si no fueras parte del paisaje y de las glosas
garabateadas al margen de cada folio:
pero atraviesa, haz escuchar sin una palabra,
toma la otra calle, que se desliza entre los plátanos,
y utiliza los basureros para arrojar tus páginas.

L'agonia del cerambice
Monochamus sartor

Nessuna sorpresa, nemmeno quando aggrotti la fronte
e ti giri dall'altra parte, come per cancellare.
La torsione del collo, o di tutto il corpo,
è il segnale che da qualche luogo, inaspettato,
proviene un soffio, il movimento di un ricordo,
si sgranano nomi come ossicini di un rosario,
il passeggiare delle dita sulla colonna vertebrale,
il picchiettio del sole sulla verticale della schiena:
ti ritorci sul bordo di un gradino, guardi il prato,
e ti domandi cosa sia rimasto delle camomille e dei papaveri.

La agonía del algavaro

Monochamus sartor

Ninguna sorpresa, ni siquiera cuando arrugas la frente
y miras hacia otro lado, como para borrar.
La torsión del cuello, o de todo el cuerpo,
es la señal de que de algún lugar, inesperado,
proviene un soplo, el movimiento de un recuerdo,
se desgranan nombres como huesitos de un rosario,
el pasar los dedos por la columna vertebral,
el repiqueteo del sol sobre la vertical de la espalda:
te retuerces en el borde de un escalón, miras el prado,
y te preguntas qué habrá quedado de las camomilas y las amapolas.

L'ingombro dei corpi senza contenuto nasce dalla mia visita a *Plegaria muda*, mostra dell'artista colombiana Doris Salcedo inaugurata al MAXXI di Roma il 15 marzo 2012: centinaia di tavoli di legno delle dimensioni di una bara, sovrapposti a coppie e uniti tra loro da un cuscinetto di terriccio dal quale nascevano sottili fili d'erba irrigati con un sofisticato sistema di tubicini.

Et cortice crudo e *Lucis habitamus opacis* sono due versi dell'*Eneide*, rispettivamente tratti dai libri IX e VI.

Il Tempio della pace è una chiesa di Padova che raccoglie i corpi di oltre cinquemila caduti della prima guerra mondiale e quasi mille civili morti sotto i bombardamenti della seconda.

Su *Simile a una lucertola*: il malecón è il lungomare dell'Avana; l'alcantarillado è il termine spagnolo per indicare il sistema di fognature urbane; f, g, l ed m sono denominazioni di strade nel quartiere del Vedado, all'Avana; avenida Galiano, oggi avenida Italia, è un viale del quartiere di Centro Avana, cuore dello *shopping* prima della rivoluzione; El encanto (incanto) era il nome di un grande magazzino dell'epoca; Yara è un grande cinema nel quartiere del Vedado, sito dinanzi all'ex Hotel Hilton, oggi Habana Libre.

NOTAS

La obstrucción de los cuerpos sin contenido nace de mi visita a *Plegaria muda*, muestra de la artista colombiana Doris Salcedo inaugurada en el MAXXI de Roma el 15 de marzo de 2012: centenas de mesas de madera del tamaño de una urna sobrepuestas en parejas y unidas por un cojín del que nacían sutiles hilos de hierba irrigados con un sofisticado sistema de tubitos.

Et cortice crudo y *Lucis habitamus opacis* son dos versos de la *Eneida*, tomados respectivamente de los libros IX y VI.

Il Tempio della pace es una iglesia de Padua que reúne los cuerpos de más de cincomil caídos de la 1ª guerra mundial y casi mil civiles muertos en los bombardeos de la 2ª.

Sobre *Semejante a una luciérnaga*: F, G, L y M son denominaciones de calles en el barrio Vedado, en La Habana; avenida Galiano, hoy avenida Italia, es una avenida del barrio del centro de La Habana, corazón del *shopping* antes de la revolución; El Encanto era el nombre de una gran tienda de la época; Yara es un gran cine en el barro Vedado, localizado frente al ex Hotel Hilton, hoy Habana Libre.

ÍNDICE

A

LOS VIERNES SANTOS | SILVIO MIGNANO

Made in Miami Beach ~ Printing as needed

◊◊◊

2020

www.ingramcontent.com/pod-product-compliance
Lightning Source LLC
Chambersburg PA
CBHW020154090426
42734CB00008B/814